100 GRANDES HECHOS QUE CONMOVIERON AL MUNDO MODERNO

Jacques J. Renard

100 GRANDES HECHOS QUE CONMOVIERON AL MUNDO MODERNO

EDIMAT
LIBROS

100 GRANDES HECHOS QUE CONMOVIERON AL MUNDO MODERNO

Copyright © EDIMAT LIBROS, S. A.
C/ Primavera, 35
Polígono Industrial El Malvar
28500 Arganda del Rey
MADRID-ESPAÑA
www.edimat.es

ISBN: 978-84-9794-059-7
Depósito legal: M-16287-2012

Colección: Biblioteca breve 100
Título: 100 grandes hechos que conmovieron al mundo moderno
Autor: Jacques J. Renard
Corrección: Marta Soave
Diseño de interior: Diego Linares
Diseño de cubierta: Juan Manuel Domínguez
Impreso en: Lável Industria Gráfica

Índice

Sobre la colección

Los 100 de Biblioteca breve es, ni más ni menos, que una serie de prácticos breviarios sobre distintas materias, a través de:

- Los personajes históricos más destacados en ella.
- Sus productos, ya sean obras de arte, proezas humanas o piezas tecnológicas.
- Hechos trascendentes, curiosos o inéditos.

Su práctico formato, su diagramación y su tipografía, clara y legible, buscan convertir cada obra en una pieza de consulta inmediata.

Sus diferenciadas secciones, con copetes y destacados, hacen que en una mirada se puedan obtener o recordar fechas o datos esenciales, lo particular de cada aporte o la nota de color que permite una mayor retención y memorización.

Cada libro incluye una breve pero sustancial Introducción, que brinda las pautas generales de la materia o los acontecimientos tratados, y una breve pero escogida Bibliografía general recomendada.

Los 100 de Biblioteca breve son, en suma:

Pequeños manuales de iniciación, aptos para la tarea didáctica como material de lectura complementaria.

Una orientación insustituible para el principiante, y un ágil «ayuda memoria» para el ya iniciado o el docente.

Una herramienta de repaso para un examen.

Una suerte de práctica minienciclopedia y un estímulo a la profundización del estudio.

Con cada entrega, en síntesis, buscamos brindar una puerta de entrada que anime al no iniciado y no defraude al especialista.

Esperamos lograrlo.

Los editores

11

Introducción

Sin duda, es infundado creer en una época de edénica inocencia del mundo, una idílica época sin conflictos ni dramas colectivos.

Desde el surgimiento de las grandes comunidades humanas, no han pasado muchos años sin que se produjeran en un extremo u otro del globo hechos trascendentes, que sacudieran el espíritu colectivo y se constituyeran en puntos de torsión en la historia de numerosas personas.

Pero el auge de las comunicaciones y la interrelación de las naciones en lo que se ha dado en llamar Modernidad, han hecho que esos acontecimientos de gran magnitud tuvieran una caja de resonancia mayor, llamaran la atención de millones de individuos y tuvieran implicancia sobre un vasto número de ellos, participaran directamente del hecho en cuestión o no.

Así, conmociones como la Guerra de los Bóxers, el estallido de la Primera Guerra Mundial, la Revolución Rusa, el asesinato de Gandhi o la Guerra Civil Española sacudieron la vida y dividieron la opinión de las cada vez más abigarradas sociedades de todo el planeta. Y antes que eso, la Revolución Francesa (donde iniciamos este brevísimo y sumario recorrido) y el Imperio napoleónico, la Guerra de Secesión de Estados Unidos o la Revolución Mexicana, abrieron camino a lo que llamamos «El Mundo moderno».

Este es, en orden cronológico, un recuento de 100 de esos acontecimientos más o menos cercanos en el tiempo, narrados en pocas palabras pero retenidos en lo esencial.

Pasar revista a ellos en forma sucesiva irá conformando una visión global del devenir del hombre. Es, sin dudas, un lapso menor para la gran Historia del género humano, pero también uno de los más gravitantes en el presente y condicionantes del futuro.

13

La Revolución Francesa

Años: *1789-1799*
Lugar: *Francia*
En síntesis: *aunque con aspectos cruentos y objetables, fue un proceso social y político de tal repercusión universal que se lo considera como el inicio de la Edad Contemporánea.*

Su punto vital, la Declaración de los Derechos del Hombre y del Ciudadano de 1789, se inspiró en la Declaración de la Independencia de los Estados Unidos de 1776 y en el espíritu filosófico del siglo XVIII, la Ilustración. Este movimiento cultural fue el marco intelectual en el que se produjeron estas dos revoluciones. Los pensadores de la Ilustración sostenían que la razón humana podía combatir la ignorancia, la superstición y la tiranía, y construir un mundo mejor.

El cambio político que se produjo en Europa con la Revolución Francesa alcanzó a otros países en donde se desataron conflictos sociales similares, en contra del régimen monárquico. Durante el reinado de Luis XIV (1643-1715), Francia se hallaba bajo el dominio de una monarquía absoluta que demandaba mucho dinero porque existía un gran número de funcionarios en el gobierno, había que mantener un ejército permanente y la corte vivía rodeada de lujos. La economía del país estaba arruinada; los nobles estaban en bancarrota; el clero no recibía el diezmo por parte del pueblo; la burguesía quería acceder a cargos públicos y los campesinos estaban cansados del poder feudal. La nobleza exigió entonces que se llamara a Estados Generales, para el tratamiento de una ley de impuestos. La monarquía, sin el apoyo de gran parte de esa nobleza, estaba en la ruina.

Cuando se reunieron los Estados Generales en 1789, la situación era muy comprometida, ya que existía un gran descontento social. El 14 de julio de 1789, la burguesía se vio apoyada por un gran sector explotado por la nobleza, los campesinos, que en un hecho inédito y con arrolladora fuerza se dirigieron a la cárcel de la Bastilla, símbolo del régimen absolutista, y la tomaron por la fuerza. Esta demostración atemorizó a los partidarios del antiguo sistema. Lo que pareció un avance de los bárbaros desplazó del poder a los nobles y partidarios del absolutismo.

La Asamblea Nacional estaba formada por la burguesía, que al principio luchó contra la monarquía en forma unificada, pero después se dividió entre los girondinos, que querían acordar con la aquella e instaurar una monarquía constitucional, y los jacobinos, que tenían ideas más radicales, con tendencia a la instauración de una república democrática. Cuando llegó el momento de decidir por la forma de gobierno, la alta burguesía apoyó a los girondinos. Los diputados de la asamblea decidieron eliminar los privilegios de la nobleza; se les obligó a pagar impuestos y se eliminó además el diezmo a la Iglesia. La revolución era ya irreversible.

Pocos días después, la Asamblea dictó la Declaración de los Derechos del Hombre y el Ciudadano, una proclama que se transformó en la síntesis de las ideas revolucionarias basadas en tres conceptos: igualdad, fraternidad y libertad.

Versión femenina
Olympe de Gouges (Francia, 1748-1793) fue una escritora, dramaturga y política francesa. Por una de sus obras de teatro, *La esclavitud de los negros*, la encarcelaron en la Bastilla. Luego fue liberada. Al llegar la Revolución, la obra fue representada en la Comedia Francesa. Siguió escribiendo libros con temáticas abolicionistas. En 1791 redactó su famosa *Declaración de los Derechos de la Mujer y la Ciudadana*, que comenzaba con las siguientes palabras: «Hombre, ¿eres capaz de ser justo? Una mujer te hace esta pregunta».

15

En la Declaración se definen los derechos naturales e imprescriptibles de todo ser humano, como la libertad, la propiedad, la seguridad, la resistencia a la opresión; se reconoce la igualdad de todos los ciudadanos ante la ley y la justicia y se afirma el principio de la separación de poderes.

La Declaración de 1789 inspiró, en el siglo XIX, textos similares en países de Europa y América Latina. La tradición revolucionaria francesa está también presente en la Convención Europea de Derechos Humanos, firmada en Roma el 4 de noviembre de 1950.

Austerlitz,
gloria de Napoleón

Año: 1805.
Lugar: República Checa.
En síntesis: en Slavkov (Austerlitz, en alemán), el 2 de diciembre de 1805 tuvo lugar la llamada Batalla de los Tres Emperadores, donde Napoleón liquidó a la Tercera Coalición.

Austerlitz fue una de las mayores y más contundentes victorias de Napoleón. Con ella terminó de un plumazo con una poderosa coalición en su contra (Austria, Rusia y Prusia). Con sus territorios invadidos y sus ejércitos destruidos, Austria firmó la paz y se vio obligada a entregar territorios y a pagar una indemnización de guerra de 40 millones de francos. Napoleón, además, abolió el Sacro Imperio Romano y estableció la Confederación del Rin como frontera entre Francia y Prusia. El mapa político de Europa cambió drásticamente. Una nueva época se abrió con la marcha de los ejércitos napoleónicos.

La hora de la verdad había llegado. En agosto de 1805, y para enfrentar la amenaza austro-rusa que se oponía a sus deseos hegemónicos en Europa, Napoleón movilizó las fuerzas estacionadas en Calais, la *Grande Armée*, y cruzó el Rin. En una marcha forzada, con 200.000 hombres, se dirigió hacia las fuerzas austríacas que al mando del general Mack se encontraban en la fortaleza de Ulm (en el sur de la actual Alemania).

Napoleón maniobró para colocar sus tropas en la retaguardia austríaca y con este fin cruzó el Danubio. Enterado del movimiento, Mack intentó también cruzar el río, pero el 14 de octubre se encontró con los franceses en Elchingen y fue derrotado. En su repliegue hacia Ulm quedó rodeado por los franceses y no tuvo otra opción que rendirse. En un primer golpe demoledor, Napoleón había capturado 60.000 soldados austríacos. Pocos días después, ya en noviembre, conquistó Viena y un gran botín en armas.

16

Por su parte, las tropas rusas, que no habían logrado llegar a tiempo para auxiliar a sus aliados, retrocedieron hacia el noreste y se unieron a los restos del ejército austríaco de Mack.

Napoleón, que necesitaba una rápida victoria que pusiera fin a la campaña, avanzó con una fuerza de 73.000 hombres y unos 140 cañones. Por su parte, la coalición contaba con 83.000 soldados, en su mayoría rusos, y unos 280 cañones.

La batalla tuvo lugar a unos 10 km. al sureste de la ciudad de Brno. La parte norte del campo de batalla estaba dominada por la colina Santon y la colina Zuran. Entre ellas se encontraba el arroyo Bosenitz. En el centro de lo que sería el campo de batalla se ubicaban los Altos de Pratzen, una colina de suave pendiente de unos 12 m. de altura, cuya posesión sería decisiva para la victoria.

El hábil Napoleón debilitó en forma deliberada su flanco derecho, con el fin de atraer al enemigo y poder atacar con ventaja en el centro. Los aliados cayeron en la trampa y lanzaron el ataque en ese flanco.

El Sacro Imperio
Desde la Edad Media, los destinos de toda Europa tuvieron como actor principal al Sacro Imperio Romano Germánico. A lo largo de mil años, éste ocupó la zona central de Europa y, en las épocas de su mayor expansión, sus dominios se extendieron hasta el sur del continente. Pero llegó Napoleón. La abdicación de Francisco II en 1806, como consecuencia de la derrota en Austerlitz, marcó el fin de tal institución, y junto con ella, el de toda una época.

17

Se combatió varias horas con avances y retrocesos de ambas fuerzas. En el centro, Napoleón lanzó al ataque a sus mejores fuerzas y tomó los Altos de Pratzen. Los rusos enviaron la Guardia Imperial, su cuerpo de élite, hacia el centro, pero ante la caballería francesa y su artillería, el ataque fue rechazado. También en el norte del campo debieron retroceder. Con el centro asegurado, Napoleón envió a una de sus mejores divisiones en apoyo de su flanco derecho. Y las líneas aliadas se derrumbaron.

Hacia las cuatro de la tarde todo había terminado. Las bajas aliadas sumaron 15.000 hombres entre muertos y heridos, 12.000 prisioneros, además de la pérdida de 50 estandartes y 180 cañones. Los franceses perdieron 1.300 hombres y casi 7.000 fueron heridos. Europa tenía nuevo amo.

España humilla a Napoleón

Año: 1808.
Lugar: Bailén, España.
En síntesis: librada el 19 de julio de 1808, en Jaén durante la Guerra de Independencia Española, la batalla de Bailén fue la primera derrota del Gran Corso en una batalla campal.

Los franceses hollaban ya la península. Los españoles realizaron una serie de hábiles maniobras previas al encuentro con las que lograron que el enemigo se debilitara, al dividir sus fuerzas en varios frentes. Y triunfaron. La derrota de los ejércitos napoleónicos tuvo enorme repercusión en toda Europa, donde los franceses parecían invencibles. La principal consecuencia fue la evacuación de Madrid por parte de Francia. El general Castaños trazó la estrategia general; pero sobre el campo, la labor de Teodoro Reding fue decisiva.

A principios del mes de junio de 1808, el general Dupont marchó con su ejército desde Madrid rumbo a Andalucía, en auxilio de la escuadra francesa que estaba en Cádiz. La población hostigó a las tropas a lo largo de todo el camino, pero los franceses llegaron a la provincia de Jaén, y Dupont estableció su cuartel en Andújar.

Para cortar el camino de las tropas napoleónicas en la Sierra Morena, las Juntas de Gobierno de Sevilla habían reclutado dos ejércitos, que fueron puestos a las órdenes del general Castaños. El plan del general español era atacar Andújar con dos divisiones, mientras otra cruzaría el río Guadalquivir más al este, el general Teodoro Reding también lo hacía con sus hombres desde Mengíbar. Los españoles realizaron cambios de dirección constantes y marchas nocturnas y diurnas, con el fin de confundir a los franceses. El 17 de julio, Reding tomó Bailén, que no tenía guarnición. Dupont, por su parte, prosiguió su marcha hacia el Guadalquivir para encontrarse con el resto de sus tropas. En la mañana del 19 de julio, cuando llegó a Bailén, ya estaban desplegadas las fuerzas de

Reding. Mientras tanto, desde Andújar, se acercaban las de Castaños. A las tres de la mañana comenzaron los enfrentamientos entre las fuerzas de vanguardia de ambos bandos. Luego de dos horas de escaramuzas, los franceses realizaron una primera carga de caballería, pero atacados por fuerzas de infantería se vieron obligados a retroceder tras sufrir gran cantidad de bajas. Luego se produjo un duelo de artillería.

Las piezas españolas eran más potentes y tenían mayor alcance que las del enemigo, por lo que éste llevó la peor parte. Dupont, temiendo la llegada de Castaños por su retaguardia, lanzó un ataque en toda la línea del frente. La presión de la caballería francesa fue tal que en varios momentos, en especial en su ala izquierda, los españoles tuvieron dificultades para mantenerse. Pero se rehicieron y con la intervención de algunas fuerzas de reserva rechazaron el ataque, luego de diezmar a la caballería francesa.

A lo largo de la mañana se fueron sucediendo los asaltos franceses, todos rechazados. Pasado el mediodía, Dupont pidió a Reding una tregua con el fin de iniciar negociaciones. Con el alto el fuego pactado, hacia las 17:00, llegaron las tropas del general Vedel, tan esperadas por Dupont. Y, sin haberse enterado de las negociaciones, aquél se lanzó al ataque. Algunas fuerzas españolas fueron sorprendidas y se rindieron, pero el otro flanco del ataque de Vedel fue rechazado. A las 18:00 horas, unos mensajeros pusieron al tanto de las negociaciones al general francés. Éste detuvo su ataque, y terminó la batalla. Frente a los 20.000 franceses muertos, heridos y capturados, la fuerza de Castaños perdió sólo 273 hombres y tuvo unos 800 heridos. Napoleón no era invencible, y lo supo en tierra española.

> **El bautismo**
> En esta batalla intervino quien luego se destacaría en las guerras de liberación sudamericana, el general José de San Martín. El libertador de América tenía treinta años cuando, como capitán del Regimiento de Borbón, fue designado ayudante de campo del general Malet en la batalla de Bailén. Como premio a su actuación fue ascendido al grado de teniente coronel. Participó en diecisiete acciones contra los franceses, y renunció a su carrera militar en España. Luego lucharía contra ella.

Cae el Imperio francés

Año: 1815.
Lugar: Cerca de Waterloo, Bélgica.
En síntesis: en una de las batallas más famosas de la historia, la victoria del duque de Wellington, el 18 de junio de 1815, marcó el fin del expansionismo francés y de Napoleón.

La invasión a Bélgica por parte de las tropas napoleónicas consistió en una serie de operaciones que desembarcaron en la batalla de Waterloo. La campaña comenzó con algunas victorias parciales de los franceses que condujeron a ambos ejércitos al enfrentamiento final. Napoleón fue finalmente vencido. Las consecuencias políticas para Europa fueron relevantes. Se apagaban los ecos lejanos de la toma de la Bastilla. Las monarquías volvían a disputarse el terreno.

El apoyo recibido por Napoleón tras su exilio en Elba y su restitución como emperador de Francia alertaron a las potencias absolutistas. Éstas volvieron a unirse y conformaron la Séptima Coalición contra el peligro francés. Napoleón marchó sobre Bélgica, donde se estaban concentrando los ejércitos aliados. Para llevar adelante esta campaña, organizó el poderoso Ejército del Norte (*Armée du Nord*), con cerca de 123.000 hombres y más de 350 cañones. La movilización del emperador comenzó el 6 de junio.

Las tropas de Wellington se encontraban en Quatre Bras y, cerca, los prusianos de Blücher se concentraban en la aldea de Ligny. Los primeros enfrentamientos, en esa zona, comenzaron el 16 de junio, pero los franceses lograron poner en retirada a ambos ejércitos.

El día 17, Wellington se replegó hacia Waterloo. Napoleón decidió que la mayor parte de sus fuerzas lo siguieran, mientras unos 30.000 hombres perseguían a los prusianos. A pesar de su victoria, esas tropas no llegarían luego a tiempo para unirse a Napoleón en Waterloo. A las 11:30 horas del día 18 comenzó la batalla final.

Wellington había fortificado la granja de Hougomont, ubicada en su flanco derecho. Allí se dirigieron los primeros ataques franceses con la intensión de que Wellington moviera tropas de su reserva para reforzar la posición. El inglés no cayó en la trampa. La granja resistió todo el día y lo que sería un movimiento de diversión se convirtió en una acción que involucró a 14.000 soldados franceses. En el centro, luego de un ataque artillero poco efectivo, Napoleón lanzó a la infantería de d'Erlon que destrozó la vanguardia inglesa, pero que, finalmente, terminó siendo rechazado por la caballería pesada comandada por lord Uxbridge.

El mariscal Ney ordenó una carga de caballería contra la infantería del centro inglés, que esperaba bien organizada y en perfecta formación. El ataque fue rechazado, pero los franceses atacaron una y otra vez, sin lograr mejores resultados. Finalmente, hacia las 18:00 horas, la caballería francesa logró hacer flaquear el centro inglés. Ney pidió refuerzos para terminar de romper el frente, pero, en ese momento, Napoleón ya intentaba frenar a los prusianos de Blücher que habían iniciado su ataque por el flanco derecho, por lo que no pudo auxiliar a sus tropas en el centro del campo.

El culto al emperador

Nathan Rotchschild, hasta el momento único conocedor en Inglaterra de la derrota de Napoleón, llegó a la bolsa de Londres con gesto de pesadumbre, y las acciones, ya bajas, cayeron más. Tenía tiempo hasta que llegara la noticia de la victoria de Wellington. Rotchschild compró todos los valores que quiso a precio de saldo. Mientras en los campos de Waterloo eran enterrados miles de cadáveres, el banquero, en un solo día, había ganado más de un millón de libras esterlinas.

Hacia las 19:00 horas, los prusianos ya cerraban la pinza y, prácticamente, llegaban al centro de la batalla.

Napoleón echó mano, entonces, a su última alternativa. Lanzó a la Guardia Imperial contra el centro inglés, pero fue duramente rechazado. El resto de las tropas, al ver retroceder a la Guardia, huyó. A las 22:00, la batalla de Waterloo había finalizado. Napoleón, esta vez sí, ya era parte de la historia pasada.

Hispanoamérica es libre

Año: *1824.*
Lugar: *Ayacucho, Perú.*
En síntesis: *en Ayacucho se dio la última y decisiva gran batalla americana contra España. La victoria del ejército libertador significó sellar la independencia de Perú y Bolivia.*

La batalla de Ayacucho fue el último enfrentamiento decisivo durante las guerras de independencia hispanoamericana (1809-1826). Tuvo lugar en la Pampa de la Quinua, en el departamento de Ayacucho, Perú, el 9 de diciembre de 1824. La victoria de las fuerzas independentistas significó la desaparición del último virreinato español y puso fin a las posibilidades de la monarquía de recuperar el control de Sudamérica. Con la capitulación militar, España perdía su antiguo Imperio donde no se ponía el sol.

Luego de la derrota española en Junín, el virrey de la Serna llamó a las tropas que se hallaban en Potosí a causa del alzamiento absolutista del general Olañeta. Estas fuerzas, al mando del general Jerónimo Valdés, llegaron a Cuzco a marchas forzadas. El virrey descartaba un enfrentamiento directo con el ejército libertador y desarrolló toda una serie de movimientos de marchas y contramarchas para cortar la retaguardia de las fuerzas enemigas. El 3 de diciembre, las tropas del general Antonio José de Sucre, al mando de los patriotas, fueron sorprendidas en Corpahuaico por los realistas, que obtuvieron la victoria. Pero el ejército libertador logró retirarse en forma ordenada.

Los españoles tenían problemas de aprovisionamiento que podían desembocar en una hambruna. Por ello, a pesar de haberse desplegado en una posición defensiva excelente, en el cerro Condorcunca, se vieron obligados a presentar batalla.

Sucre dispuso sus tropas en el valle de Quinua, frente al cerro dominado por los realistas. Al mando de José María Córdoba, organizó 4 batallones colombianos, que ocuparon el ala derecha. A la izquierda, ubicó otros 4 batallones peruanos, al mando de La Mar. En el centro, posicionó 2 regimientos a las órdenes del general Miller. La reserva de colombianos, con la que quedó la única pieza de artillería, estuvo dirigida por Lara. En la retaguardia, al centro, se desplegó la caballería constituida por los Húsares del Perú, Granaderos y Húsares de Colombia y un escuadrón argentino de Granaderos a Caballo. El ejército libertador, en total, tenía 5.800 hombres y un cañón.

Las fuerzas del virrey tenían unos 6.900 efectivos y 14 piezas de artillería y el plan de combate consistía en enviar una fuerza de vanguardia para fijar la posición de los independentistas, mientras el resto descendía del cerro y realizaba un ataque frontal. Quedarían dos batallones en reserva.

Sucre se percató de la maniobra y lanzó una división que destrozó la vanguardia española y de inmediato, esa misma fuerza apoyada por la caballería atacó a los realistas, que descendían desordenadamente del cerro. Para evitar un desastre mayor, la caballería realista atacó a la división libertadora, pero fue rechazada por el fuego de apoyo de la infantería, y los jinetes se vieron obligados a abandonar el campo de batalla. En el otro flanco, la segunda división, conducida por La Mar detuvo el ataque de la vanguardia y, con el apoyo de los Húsares de Junín y de los Granaderos a Caballo, derrotó a los realistas. El virrey envió los dos batallones de la reserva, que luego de una débil resistencia huyeron. José de la Serna resultó herido y fue hecho prisionero.

Pasado el mediodía la batalla estaba ganada por las fuerzas de Sucre. Con su ejército disperso y el alzado Olañeta en la retaguardia, los oficiales realistas decidieron capitular. Entregaban, a la vez, el campo de batalla y América del Sur.

Pujas internas

El retorno del absolutismo Borbón al poder gravitó en la derrota definitiva de los españoles en América. El virrey de la Serna era constitucionalista, por lo que el absolutista Olañeta y sus tropas en el Alto Perú desconocieron su autoridad, se alzaron en su contra y complicaron las acciones militares en defensa del poder colonial en el Virreinato del Perú, para mayor provecho de la causa libertadora. Como nunca, lo que sucedía en la metrópoli tenía eco en lo que quedaba de las colonias.

23

Estados Unidos invade México

Año: *1846-1848.*
Lugar: *México.*
En síntesis: *la invasión fue justificada por el supuesto "Destino Manifiesto" de los Estados Unidos, concepto heredado de los anglosajones que amparaba la apropiación territorial.*

La doctrina política y religiosa del Destino Manifiesto, que se había formado con los reyes de Inglaterra del siglo XVI, se fortaleció en el XVII con los puritanos calvinistas de la primera república bajo Oliverio Cronwell y se decantó en las colonias angloamericanas a través de los filósofos John Locke, David Hume, Adam Smith, y sobre todo, de Benjamín Franklin, partidario del llamado «Destino imperial angloamericano» de acuerdo con la Gran Logia masónica de Inglaterra.

24

El concepto y la convicción era que Dios tenía la intención de que toda América del Norte estuviera en manos de los estadounidenses, proyección temprana de la supuesta supremacía anglosajona. Razonablemente, México temía que los estadounidenses le arrebataran los territorios fronterizos. Y con los eventos de las décadas de 1830 y 1840 sus temores se vieron justificados. Con un sistema luego usado regularmente, los texanos «se sublevaron» contra México.

La anexión de Texas pareció ser parte de una expansión natural de Estados Unidos, una consecuencia lógica de la compra de Luisiana. Sin embargo, se volvió conflictiva debido, por una parte, a que los mexicanos naturalmente se oponían a la anexión y, por otra, a que el norte estaba convencido de que Texas representaría una expansión de la esclavitud.

En 1845, Texas por fin se anexionó a los Estados Unidos. En respuesta a esta acción, el ministro de México en EE. UU., Juan N. Almonte, pidió sus cartas de retiro y regresó a México. En agosto de 1846, el comodoro David Conner, con su escuadra de buques en las aguas de Veracruz, trató inútilmente de apoderarse del Fortín de Alvarado, que defendían los jefes y oficiales de la marina, y tuvo que retirarse a Antón Lizardo.

Una fuerza al mando del Coronel Anastasio Torrejón sorprendió y derrotó en el Rancho de Carricitos, Matamoros, a un escuadrón norteamericano. Éste fue el pretexto para que el presidente de los Estados Unidos, James K. Polk, declarara el estado de guerra con México.

Las tropas de Estados Unidos llegaron a las orillas del Río Bravo violando con esto los tratados convenidos por ambos países. El Presidente José Joaquín Herrera formó entonces un Ejército de 6.000 hombres para defender la frontera de los avances del país vecino. Las tropas norteamericanas al mando del General Taylor ocuparon el Frontón de Santa Ana Isabel.

El 20 de septiembre de 1846, los norteamericanos iniciaron el ataque a la plaza de Monterrey que cayó en su poder cinco días después. Se internaron en California, tomaron San Francisco y la declararon como parte de la Unión Americana.

Por su parte, las escuadras de Estados Unidos ocuparon la ciudad de Los Ángeles. Esto

> **El San Patricio**
> Un grupo de combatientes es recordado de forma controvertida; como héroes en México, como traidores en EE. UU. Fueron los integrantes del Batallón de San Patricio, un grupo de inmigrantes católicos, la mayoría de Irlanda, que abandonaron el ejército estadounidense desde los primeros encuentros bélicos y que se pasaron al lado mexicano. Hay quien los considera desertores; otras versiones disienten. En boca de un historiador: «fueron leales a sí mismos, al sueño de ser libres que les había traído a América».

originó que las autoridades emigraran a Sonora, y en eco fueron cayendo las posiciones mexicanas en el estado de Chihuahua. En Cerro Gordo, los mexicanos sufrieron una nueva derrota. Los invasores siguieron su avance, tomaron Puebla para seguir a México. En el valle de México se libraron varias batallas, en Padierna, en Churubusco, en donde se destacaron los irlandeses que integraban el Batallón de San Patricio, en Molino del Rey y en Chapultepec. Los norteamericanos tomaron la ciudad de México el 14 de septiembre y el gobierno mexicano se estableció en la ciudad de Querétaro.

La guerra concluyó con la firma de los tratados de Guadalupe Hidalgo, por el que México perdió más de la mitad de su territorio. Era la eclosión de un ansia imperial que no decaería.

La revolución de 1848

Año: 1848
Lugar: Europa
En síntesis: a mitad del siglo XIX se dio una oleada revolucionaria que, aunque acotada en sus efectos, acabó con la época de la Restauración del absolutismo monárquico en Europa.

Llamada también «La Primavera de los Pueblos», esta revolución frenó la restauración de las monarquías que tomaron auge, yendo hacia atrás, desde los días de la caída del Imperio napoleónico. Originada por la crisis económica desatada en 1847, y al igual que la revolución de 1830, esta comenzó en Francia y se extendió luego por gran parte de Europa, gracias al importante desarrollo que habían experimentado las comunicaciones a partir de la Revolución Industrial. Y pese a su fracaso, modeló nuevas formas de pensamiento.

Luego del Congreso de Viena, las monarquías absolutas fueron restauradas en territorios que constituían estados liberales. Esta restauración del régimen absolutista no se correspondía con la evolución histórica que habían significado la revolución industrial y la burguesa. En Francia, donde la monarquía de Luis Felipe de Orleans sólo satisfacía las necesidades e intereses de la alta burguesía, y por lo tanto la pequeña burguesía y el proletariado se veían política y económicamente desatendidos, la negación de derechos y libertades a importantes sectores de la sociedad fue una de las principales causas sociales del estallido.

A su vez, producto de una seguidilla de malas cosechas por causa de plagas en los principales alimentos de las clases populares, tuvo lugar una crisis agraria que influyó de forma decisiva en los sectores industrial y financiero, motivo por el cual muchos obreros quedaron desempleados. En París, los fabricantes y comerciantes al por mayor, al no poder exportar sus productos por la crisis industrial y financiera, generalizada en gran parte del continente, abrieron establecimientos de gran escala con los cuales los pequeños comerciantes no podían competir. Los movimientos revolucionarios no sólo fueron protagonizados por los obreros desempleados, sino que también se sumaron estos pequeños comerciantes cuyos productos habían quedado fuera de circulación.

En Francia, la Revolución supuso la abdicación de Luis Felipe de Orleans. El 25 de febrero de 1848 se instauró la Segunda República Francesa, inicialmente muy radicalizada.

En junio de ese año, la pequeña burguesía, que había estado del lado del proletariado, se alió con la alta burguesía, transformando la lucha contra el absolutismo en una pelea entre la clase obrera y la burguesa, que resultó en una dura represión (con un saldo de más de 1.500 ejecutados). Esta Segunda República fue seguida luego por un régimen más moderado: el liderado por Luis Napoleón Bonaparte, primeramente como presidente y luego como emperador en 1852.

Consecuencias
Nada quedó como antes. La historia había dado un salto. Si bien fueron reprimidas o reconducidas hacia regímenes políticos conservadores, las revoluciones de 1848 pusieron de manifiesto la imposibilidad de sostener el Antiguo Régimen de monarquías absolutas. A la vez, la experiencia de 1848 influyó en el pensamiento y organización de la clase obrera, que luego vería canalizado este aprendizaje en la constitución de la Comuna de París en 1871.

27

A partir de la proletarización de las clases bajas en las sociedades más industrialmente desarrolladas, apareció con fuerza un movimiento obrero organizado.

Si bien los movimientos populares siempre habían tenido un rol para la multitud urbana, la revolución de 1848 representó la posibilidad de poner en práctica de un programa político realizado en base a la toma de conciencia por parte de la clase obrera de sus propios intereses. Además de tratarse de revoluciones de carácter liberal y de dar muestra también de las primeras formas de organización del movimiento obrero, la «Primavera» tuvo una fuerte impronta en la constitución de una ideología nacionalista. Los trabajadores, además, se revelaban como un factor a tener muy en cuenta en el trazado de las políticas públicas.

Guerra de Crimea

Años: *1853-1856.*
Lugar: *Península de Crimea, Mar Negro*
En síntesis: *fue un conflicto bélico entre el Imperio Zarista ruso, regido por la dinastía de los Romanov, y el Imperio turco, apoyado por Francia e Inglaterra.*

La alianza turca con las dos potencias europeas puso un límite a los deseos expansionistas de la Rusia Imperial, que miraba hacia el Mar Mediterráneo y Medio Oriente. También le permitió al decadente Imperio turco sobrevivir. Fue una guerra marcada por batallas sangrientas y errores militares como el de la famosa «Carga de la Brigada Ligera», además de constituir la cumbre de la última cruzada que buscó recuperar los Santos Lugares a Palestina y Jerusalén.

Con el objetivo de reconstituir el Imperio Bizantino, del cual tradicionalmente el Imperio ruso se consideraba sucesor, los zares tenían por propósito avanzar hacia el Mar Mediterráneo y recuperar para la fe ortodoxa los Santos Lugares, que se encontraban desde la Edad Media en manos turcas. Los vastos territorios del Imperio turco, en especial por su debilidad e inadaptación a la modernidad del siglo XIX, constituían un botín muy codiciado para una potencia como Rusia, que resolvió declararle la guerra y tomar el Estrecho del Bósforo, liberando también a Grecia y los Balcanes.

En 1853, el zar Nicolás I exigió al Sultán turco que le cediera la protección de los ortodoxos que vivían en el Imperio otomano. Luego de la previsible negativa del Sultán, estalló la guerra. La primera batalla tuvo lugar en el frente del Danubio; los rusos, muy superiores en entrenamiento y armas, hundieron la flota turca en la batalla de Sinop, el 30 de noviembre de 1853. Esta pérdida dejaba a las huestes del Sultán indefensas y daba a los rusos la posibilidad de ocupar cualquiera de sus territorios.

El Imperio ruso invadió Moldavia y Valaquia, en un rápido avance que alarmó a las demás potencias europeas, preocupadas por la posibilidad de que el poder ruso creciera con la ocupación de los vastos territorios del Imperio turco. Francia e Inglaterra enviaron una flota al estrecho de los Dardanelos para obligar a Rusia a buscar una salida pacífica. Luego los representantes de las principales potencias europeas se reunieron en Viena para llegar a un acuerdo y hacer que Rusia cediera terreno. Austria y Prusia aceptaron una conciliación propuesta por Rusia, pero no lo hicieron Turquía, Francia y el Reino Unido, y comenzó un período de recrudecimiento de la guerra. Francia, el Reino Unido y el Reino de Piamonte asistieron a Turquía en la recuperación de sus territorios perdidos, con éxito hasta la ciudad de Dobrudja, donde el cólera diezmó sus ejércitos.

La famosa carga
La dirigió Lord Cardigan. En la «Carga de la Brigada Ligera», 600 hombres de la Brigada de Caballería Ligera avanzaron a través de un valle que en su altura estaba vigilado por tropas rusas. Éstas dispararon sobre los británicos, que fueron masacrados. De los jinetes que cruzaron el «Valle de la muerte», sólo 100 sobrevivieron. A pesar de este error, la batalla fue favorable a los aliados, puesto que los rusos no pudieron romper el sitio de Sebastopol.

Buscando obligar a Rusia a que abandonara el conflicto, los aliados invadieron Crimea y derrotaron al ejército ruso en la batalla de Alma. Luego de varios intentos rusos de romper el sitio aliado de Sebastopol, la ciudad-fortaleza que defendía la península de Crimea, el 8 de septiembre de 1855 cayó la ciudad en manos de los aliados. Pero el gobernador de Sebastopol ordenó quemar la ciudad y retirarse por el puerto.

Rusia fue frenada en sus aspiraciones imperialistas, al sufrir unas 50.000 bajas durante el conflicto. Por esta derrota firmó el tratado de París de 1856, por el cual perdió sus posesiones en el Danubio y Besarabia. Como dato de color, la de Crimea fue la primera guerra europea registrada por fotógrafos (como el británico Roger Fenton, autor de la placa que reproducimos) y en la que participaron corresponsales. La guerra era ahora vivida a la distancia con informaciones de primera mano y documentos gráficos impactantes.

La Unión se lanza a la ofensiva

Año: 1863.
Lugar: Pensilvania, EE. UU.
En síntesis: en un enfrentamiento no previsto, en el poblado de Gettysburg, del 1 al 3 de julio de 1863, se produjo la mayor cantidad de bajas de toda la guerra civil estadounidense.

Las fuerzas de la Unión, comandadas por el mayor general George Meade, se enfrentaron con los confederados del general Robert E. Lee en los alrededores del pueblo de Gettysburg. Fue la batalla más sangrienta de toda la guerra. Entre ambos bandos se perdieron alrededor de 50.000 hombres. Junto al sitio de Vicksburg, ciudad rendida a Grant el 4 de julio de 1863, fue el punto de inflexión en la Guerra de Secesión. La ofensiva fue imparable.

A mediados de junio de 1863 el general Lee cruzó el río Potomac con 75.000 hombres e invadió Maryland. El 28 de junio, el general Meade, avanzó a su encuentro con unos 90.000 efectivos. Al día siguiente, Lee concentró sus tropas en Cashtown, al oeste de Gettysburg. Los unionistas tomaron posición en unos altos al oeste del pueblo. Allí comenzaron los combates que duraron hasta el mediodía y se retomaron hacia las 14:30. Mientras tanto se combatía al norte y al sur. Pese a la feroz resistencia ofrecida, los nordistas cedían terreno. En la tarde, varias divisiones confederadas atacaron el norte y noroeste. Luego de una dura lucha, las fuerzas de la Unión se replegaron hacia el sur, en Cemetery Hill. Al final del día los confederados habían perdido 25.000 hombres y los federales, 18.000.

Al día siguiente, la línea unionista estaba posicionada en Culp's Hill y el sudeste de Gettysburg, al noroeste de Cemetery Hill y al sur de la ciudad. Las fuerzas confederadas se enfrentaban a lo largo de toda la línea. Los ataques confederados se iniciaron sobre las posiciones en Cup's Hil y Cemetery Hill. En el flanco izquierdo, los federales tomaron varios puntos estratégicos, pero sólo pudieron sostener uno. Tampoco los confederados lograron profundizar demasiado el avance. En el ala derecha, donde los unionistas habían construido fuertes defensas, todos los ataques confederados fracasaron.

Los combates en todos los frentes durante el segundo día fueron produjeron bajas a ambos bandos.

En la mañana del tercer día, se reanudaron los ataques. Lee mantuvo la táctica del día anterior, pero frenó la ofensiva hacia el mediodía sin haber obtenido resultados importantes. Por la tarde, cambió de planes y concentró sus esfuerzos en el centro del frente sobre Cemetery Ridge. A las 13:00 comenzó un enorme ataque de artillería con unos 170 cañones. Luego del ablandamiento de las defensas, hacia las 15:00 se suspendió el bombardeo y unos 12.500 confederados se lanzaron al ataque. Debido al fuego nordista los confederados perdieron la mitad de sus hombres y, aunque las líneas federales tambalearon, finalmente, el frente resistió. Esta carga se hizo célebre como La Carga de Pickett, debido al nombre del oficial que la encabezó, y fue decisiva para Lee. Había perdido más de 5.000 hombres en un par de horas, y 3 generales de brigada. A lo largo del día se dieron dos intensos combates de caballería. Sobre el flanco derecho unionista, la caballería de Lee intentó una carga contra las líneas de abastecimiento y comunicación de los federales, pero luego de una intensa lucha, en la que se llegó al combate con sables, cuerpo a cuerpo, los confederados fueron rechazados. Ya muy entrada la tarde, Meade ordenó una carga en el sudoeste que fue rechazada. Hubo muchas bajas, e incluso el general que la encabezaba cayó muerto. Desmoralizado por la resistencia unionista y las 7.000 bajas sufridas en un solo día, el 4 de julio Lee ordenó la retirada general. La nueva nación se alzaba en base a un alto costo de sangre entre hermanos. Parte de las heridas se extenderían en el tiempo.

Sangre fértil
Gettysburg dejó una impronta indeleble en la memoria de los estadounidenses. Quizá el discurso qué el presidente Lincoln pronunció en relación a esta batalla haya cimentado tal celebridad: «En lo más íntimo de nuestros corazones decidamos que estos muertos no hayan caído en vano, que esta nación asistirá, con la ayuda de Dios, a la resurrección de la libertad, y que el gobierno del pueblo, por el pueblo y para el pueblo, no desaparecerá de la tierra».

31

Guerra de la Triple Alianza

Años: *1864-1870.*
Lugar: *entre los ríos Paraguay, Uruguay y Paraná (América del Sur).*
En síntesis: *esta guerra, en la que intervinieron el Imperio del Brasil, Argentina y Uruguay aliados contra la República del Paraguay, fue el mayor conflicto sudamericano.*

La Guerra de la Triple Alianza fue importante no sólo por la cantidad de efectivos involucrados en ella, sino también por sus consecuencias trascendentales. El Paraguay sufrió una tragedia demográfica y vio frenado definitivamente su desarrollo económico independiente. La velada, pero decisiva, intervención del Imperio Británico en el estallido del conflicto fue un elemento que la política latinoamericana sufrió a lo largo de las décadas siguientes.

Hasta 1864, Paraguay, bajo los gobiernos de Carlos Antonio López y su hijo Francisco Solano López, construyó astilleros, fábricas metalúrgicas, ferrocarriles y líneas telegráficas. La mayor parte de las tierras pertenecía al Estado, que monopolizaba la comercialización exterior de sus dos principales productos: la yerba mate y el tabaco. Era la única nación de América Latina que no tenía deuda externa. Paraguay constituía un modelo de desarrollo independiente inédito en la zona, que era bien visto desde Londres.

El detonante del conflicto fue la inestabilidad política en Uruguay. Allí gobernaba el Partido Blanco, que simpatizaba con las políticas del Mariscal paraguayo. Su rival, el Partido Colorado, con apoyo del Imperio del Brasil, provocó un golpe de estado, y los blancos pidieron ayuda al Paraguay. El Mariscal López emplazó al Brasil a no intervenir en el país vecino, pero al recibir una respuesta negativa le declaró la guerra. En esa primera etapa, las acciones se desarrollaron hacia el noreste de Paraguay, en el Mato Grosso, zona por la que ya venían litigando guaraníes y brasileños.

El avance paraguayo no pudo ser contenido por las escasas tropas que el ejército imperial tenía en la región. Debido a la gran extensión del territorio, ninguna de estas acciones tuvieron un resultado decisivo, por lo que Solano López intentó enviar tropas al Uruguay con el fin de librar al país de la influencia brasileña y lograr no sólo un aliado, sino también una salida al mar, necesaria para afianzar el desarrollo económico paraguayo. Debía pisar suelo argentino, y para ello pidió permiso al presidente Mitre, prócer de la oligarquía argentina y ferviente defensor de los intereses británicos en la región, quien se lo negó. El mariscal paraguayo vio obligado a declarar la guerra a la Argentina, invadió la provincia de Corrientes y tomó su capital. Comenzó entonces una nueva etapa de la guerra. Con la expulsión de las tropas paraguayas de la provincia argentina y la invasión de su territorio, Paraguay pasó a una desesperada defensa y a ceder terreno frente al empuje de los aliados. Se libraron batallas con altísimo costo en vidas humanas, como Tuyutí, Curupaití o la campaña de Humaitá, que desembocaron en la conquista de Asunción, la capital paraguaya, que fue saqueada y arrasada por las tropas brasileñas. Solano López, junto a algunos pocos incondicionales, continuó su repliegue hacia el noroeste del país. Fue alcanzado por los brasileños en Cerro Corá, donde combatió hasta la muerte.

Sangre hermana
Salvo Buenos Aires, la gran mayoría de las provincias argentinas rechazaba esa guerra fratricida, y en algunas de ellas estallaron rebeliones que obligaron a los anglófilos de la capital a distraer fuerzas del frente con el fin de sofocarlas. Las provincias de Mendoza, San Luis, San Juan, Entre Ríos y la Rioja encabezaron la oposición al conflicto y sus levantamientos fueron reprimidos con violencia. En el frente se registraban deserciones masivas, no por cobardía sino por la negativa a pelear contra el pueblo paraguayo.

33

Paraguay fue arrasado, la infraestructura económica —un modelo para cualquiera de sus vecinos— fue destruida en su totalidad y su población diezmada. Se calcula que cerca de un 90% de los hombres murieron durante el conflicto, tanto en combate como en las posteriores masacres de prisioneros y civiles.

Asesinato de Abraham Lincoln

Año: *1865.*
Lugar: *Washington D. C., EE. UU.*
En síntesis: *el 15 de abril de aquel año, en un teatro, el decimosexto presidente de Estados Unidos fue asesinado de un balazo, disparado por un confederado hostil al gobierno.*

Abraham Lincoln fue el primer presidente estadounidense salido del Partido Republicano. Su gestión transitó años difíciles, en los que el país se encontraba dividido en dos bandos. Lincoln se opuso rotundamente a la expansión de la esclavitud y fue considerado, luego de su muerte, un mártir y un héroe de la historia de su nación. Su asesinato, el primer magnicidio de la historia de su país, fue planeado y llevado a cabo por John Wilkes Booth, quien había planeado antes su secuestro.

El mandato de Lincoln, iniciado en 1860, fue fundante para la estructura futura de la «Gran Nación del Norte», y se desarrolló en el contexto de la Guerra Civil, que tuvo lugar entre los años 1861 y 1865. Los dos bandos enfrentados fueron las fuerzas de los estados del Norte (la Unión) contra los recién formados Estados Confederados de América. A pesar de los conflictos y percances iniciales, el Ejército de los EE. UU., bajo el mando del general Ulysses S. Grant, se recompuso, ya que Lincoln tenía el profundo convencimiento de la ilegitimidad de la separación de los Estados y una gran energía para evitarla. Además, durante el transcurso de la guerra el presidente había impulsado la abolición de la esclavitud, un importante avance respecto de la desigualdad de la época.

Su asesinato se perpetró días después del fin del conflicto.

La mañana del 15 de abril de 1865, los diarios anunciaron que el presidente asistiría junto a su esposa, Mary Todd, y el general Grant —mano derecha de Lincoln— y su esposa al teatro Ford, a fin de presenciar la comedia musical *«Our American Cousin»* («Nuestro primo americano»).

Sin embargo, Grant anunció no poder acompañarlo, motivo por el cual Lincoln invitó al Mayor Henry Rathbone y a su prometida. El presidente concurrió al teatro sin guardaespaldas, a pesar de la insistencia de su custodio en acompañarlo. De todos modos, habría un policía resguardándolo fuera del palco del teatro.

Al llegar, las parejas olvidaron cerrar con llave la puerta y tomaron asiento. El policía, que tenía problemas de alcoholismo, abandonó su puesto para ir por un trago, dejando al palco sin custodia. Cuando Lincoln se sentó, John Wilkes Booth, un actor que trabajaba en el teatro y era simpatizante del Sur, apareció por detrás y disparó un único tiro con una pistola Deringer a la cabeza del presidente, al grito de: «¡*Sic semper tyrannis!*» (expresión latina que significa «Así siempre a los tiranos»).

Originalmente el plan era parte de una conspiración mayor que pensaba reunir a los confederados como un grupo de resistencia, a fin de que siguieran luchando. Para eso, se intentaría secuestrar al presidente Lincoln y llevarlo al sur. Booth reclutó a sus cómplices, Lewis Powell y George Atzerodt, a quienes encargó el asesinato del secretario de Estado William H. Seward y del vicepresidente Andrew Johnson. De esta manera, Booth esperaba crear el caos y derrocar el gobierno de la Unión.

El magnicida

John Wilkes Booth era un actor de teatro que gozaba, antes de los acontecimientos, de cierto éxito, y que había recibido críticas elogiosas por su trabajo. Durante los años de 1850 se unió a los *Know Nothing*, un movimiento que se manifestaba en contra de la política de inmigración de EE. UU. Fue además un ferviente partidario de la esclavitud. Se dice que trabajó durante la guerra para los servicios secretos confederados, e incluso se reunió con algunos de sus jefes en Montreal, pero estos hechos no fueron probados.

35

Sin embargo, cuando el 11 de abril de 1865 Lincoln pronunció el discurso en que mostró su apoyo al derecho al voto por parte de los negros, Booth, que estaba presente, enfureció ante esa posibilidad, abandonó su plan de secuestro y optó por el asesinato.

Booth y varios de sus compañeros fueron capturados y ahorcados o encarcelados. El cuerpo de Lincoln fue llevado en tren, en procesión, por varios estados del país.

Se inaugura el Canal de Suez

Año: *1869.*
Lugar: *Egipto.*
En síntesis: *esta proeza humana facilitó que el comercio marítimo entre Europa y el sur de Asia se acortara, al evitar rodear el continente africano. Fue todo un acontecimiento en su época.*

El Canal de Suez es una vía artificial de navegación que une el Mar Mediterráneo con el Mar Rojo, entre África y Asia, a través del istmo de Suez, de la península del Sinaí. Su concreción no sólo ha reducido el camino de Europa a la India; también ha sido motivo de numerosos enfrentamientos entre potencias que buscaban usufructuar de sus ventajas. Su construcción fue llevada a cabo por el francés Lesseps. Los faraones egipcios lo habían soñado, y su desde su creación se erigió como una de las maravillas del mundo moderno.

La obra que une el mar Rojo con el Mediterráneo a lo largo de 164 kilómetros, fue inaugurada el 17 de noviembre de 1869. El canal dibuja un recorrido en línea recta hasta el lago Timas. Desde allí, un corte lleva hasta los Lagos Amargos (ahora un sólo cuerpo de agua), y un corte final desemboca en el Golfo del Suez. Debido a su estrechez, gran parte de sus 163 kilómetros son usados en una sola dirección.

Desde la época faraónica, aproximadamente en los siglos XX y XIX a. C., existió el deseo de crear una conexión entre el Mar Mediterráneo y el Mar Rojo. Los romanos ya usaban esta región para transportar pequeñas embarcaciones. El soñado paso era llamado «Canal de los faraones», ya que fueron ellos los pioneros en proyectar construir de este canal. Sin embargo, sus intentos fueron fallidos y las obras que iniciaron fueron luego abandonadas.

Recién en 1847 se volvió a trabajar en el proyecto del canal. Sus defensores argumentaban que el canal disminuiría la distancia entre Europa y el sur de Asia, ya que los navíos no necesitarían circundar

África y bordear el Cabo de Buena Esperanza para alcanzar los océanos Índico y Pacífico.

El proyecto de construcción fue coordinado por el ingeniero y diplomático francés Ferdinand Marie de Lesseps, quien logró obtener del gobernador de Egipto, Said Subí, la concesión para la construcción del canal. Las ganancias serían distribuidas de modo que de los ingresos, un ·15% quedara para el gobierno de Egipto, un 10% para los accionistas fundadores y un 15% para los accionistas comunes.

La obra inició su construcción el 25 de abril de 1859 y fue concluida diez años más tarde. En un principio no se disponía de maquinaria, por lo que todo tenía que hacerse a mano. Un total de más de 1.5 millones de trabajadores participaron en la construcción, y se dice que alrededor de 125.000 de esos obreros murieron en ella. Además, a lo largo de los diez años en que se trabajó en el Canal se presentaron problemas tanto de tipo económico como político. Sin embargo, todos fueron solucionados, algunos de ellos gracias a Napoleón III y otros gracias a la Comisión Internacional nombrada en 1864.

Tráfico continuo
Con 161 kilómetros de longitud y 13 metros de profundidad, el Canal de Suez es uno de los centros más sensibles del tráfico mundial. Cada día, 72 barcos transitan sus aguas. Es la vía comercial marítima más utilizada del mundo. De los buques que lo atraviesan, dos de cada tres transportan petróleo. Nacionalizado en 1956 por el presidente egipcio Gamal Abdel Nasser, fue objeto de disputas políticas, rencillas económicas entre países y boicots. Hoy está abierto al tráfico internacional.

La culminación de las obras fue causa de una importante celebración. La esposa de Napoleón III, emperatriz Eugenia de Montijo, inauguró el Canal, elogiado como la nueva y avanzada ruta marítima del mundo moderno. Para el gran día de su inauguración, a la que asistieron cerca de seis mil personas, se contrató al compositor italiano Giuseppe Verdi, quien compuso por encargo la ópera *Aída*, que fue presentada en medio de fuegos artificiales. En la actualidad, cerca de 20.000 barcos atraviesan sus aguas cada año, con cargas totales de aproximadamente 400 millones de toneladas. Este canal tiene también gran importancia debido al petróleo que hay en el golfo Pérsico, a muy corta distancia de allí. En nuestros días, el traslado del combustible que se dirige al este de Europa se hace a través del Canal de Suez.

Sedán, fin del Segundo Imperio

Año: *1870.*
Lugar: *Sedán, Francia.*
En síntesis: *a pesar de que la guerra prosiguió, la batalla de Sedán, del 1 de septiembre de 1870, fue decisiva. En ella cayó prisionero el mismo emperador francés y todo su ejército.*

La contundente victoria prusiana frente al ejército de Francia, que estaba al mando del propio emperador Napoleón III, dejó prácticamente abierto el paso hacia París. Una vez más, en los campos de batalla se definía la alternancia de sistemas políticos dispares. Con el emperador y todo su ejército prisioneros y las tropas germanas en territorio galo, la derrota francesa significó el fin del Segundo Imperio y el nacimiento de la Tercera República.

Sonaban los cañones de la guerra franco-prusiana (1870-1871). En la ciudad de Metz había quedado cercado el ejército del Rin, unos 150.000 hombres al mando del mariscal francés Aquiles Bazaine. En su asedio intervenían el Primero y el Segundo Ejércitos prusianos. Para auxiliar a estas tropas, el emperador Napoleón III reclutó un ejército y avanzó en dirección a la ciudad. El mariscal Moltke, comandante del ejército prusiano, aprovechó una maniobra equivocada de los franceses y los derrotó en Beaufort. El emperador se replegó hacia Sedán, donde el prusiano, con el Tercer ejército y el ejército del Mosa, dejó encerradas a las tropas francesas.

Por la mañana del 1 de septiembre de 1870 comenzó la batalla. Napoleón III, que contaba con 120.000 hombres y 564 piezas de artillería, ordenó a su ejército romper el cerco formado por 200.000 soldados prusianos y unos 770 cañones. Los franceses pensaban que mediante ataques combinados de infantería y caballería sería posible romper el frente enemigo. Mientras, los prusianos avanzaron sobre el pueblo de Bareilles, defendido por soldados franceses y por los mismos pobladores, que alzaron barricadas y lucharon casa por casa en lo que fue, probablemente, uno de los primeros combates urbanos de la historia. La superioridad numérica prusiana se impuso y la ciudad fue arrasada mientras el ejército francés se retiraba. Las fuerzas del emperador realizaron ataques en todos los frentes, pero los prusianos los repelieron con fuego de artillería, sin arriesgar tropas, y los franceses sufrieron innumerables bajas. Tras esos bombardeos y con las fuerzas imperiales en retirada, comenzó el avance prusiano por el este, el noroeste y el suroeste de las posiciones imperiales.

Para impedir que el círculo siguiera estrechándose los franceses hicieron numerosos y esforzados intentos. El general Gallifet, con tres regimientos de caballería, lanzó una carga sobre las fuerzas que atacaban el Calvario de Ylly. Al mismo tiempo, por el norte de Givonne, se redoblaron los esfuerzos para romper el cerco, como lo hicieron también por Floing. No hubo resultados; el fuego de las baterías de los distintos frentes prusianos era cruzado y producía un efecto devastador en las baterías y efectivos franceses. Los intentos de la caballería gala también fueron rechazados, por lo que comenzó un repliegue desordenado hacia Sedán. La ciudad se convirtió en un caos, con miles de soldados yendo de un lado a otro sin saber qué hacer ni dónde dirigirse. La batalla estaba perdida. La rendición en Sedán costó a los franceses 17.000 bajas entre muertos y heridos, 104.000 prisioneros —incluido Napoleón III—, tres banderas, 419 piezas de artillería de campaña y de plaza, 139 cañones de fortaleza, 66.000 fusiles, 1.000 furgones de bagajes y 6.000 caballos aptos para el servicio. Los prusianos perdieron alrededor de 9.000 hombres, entre muertos, heridos y desaparecidos.

> **Curioso patriotismo**
> En situaciones extremas como son las guerras, la oposición patriótica entre los contendientes es extrema. A pesar de esto, al constituirse la Comuna de París, prusianos y franceses olvidaron su profundo odio en pos de otras afinidades. Los germanos cercaron la ciudad y no tuvieron reparos en liberar al aborrecido ejército francés apresado en Sedán para que sus efectivos sofocaran a la Comuna, lo que ocurrió en pocos meses. Al finalizar la rebelión, en París, los soldados franceses habían asesinado a 30.000 compatriotas.

La Comuna de París

Año: 1871.
Lugar: París, Francia.
En síntesis: aunque de breve duración, tuvo gran significación histórica. Fue el primer gobierno proletario, con un proyecto semejante al de un régimen comunista o anarquista.

La Comuna de París, movimiento insurreccional que se extendió del 18 de marzo al 28 de mayo de 1871, dejó fuerte impronta en el mundo moderno, puesto que se trató de la primera experiencia de autogestión popular en Occidente. Gobernó la ciudad durante dos meses y promulgó decretos revolucionarios (incluyendo la autogestión de las fábricas y la declaración de la laicidad del Estado), los que en su mayoría respondían a la necesidad de paliar la pobreza, consecuencia de la guerra Franco-Prusiana.

El surgimiento de la Comuna de París halla su antecedente en el derrumbe del Segundo Imperio Francés de Napoleón III, en de la Guerra Franco-Prusiana (1870-1871) y a manos de las fuerzas del canciller Otto von Bismarck. Derrotado este gobierno, la ciudad de París fue sitiada durante más de cuatro meses (desde el 19 de septiembre de 1870 hasta el 28 de enero de 1871), y se proclamó emperador a Guillermo I de Alemania en el Palacio de Versailles, de acuerdo con lo estipulado entre las partes en el Tratado de Frankfurt.

El gobierno provisional de la República, por su parte, presidido por Louis Adolphe Thiers, resolvió instalarse también en Versailles, dado que París no aceptaba la rendición.

Por lo tanto, la milicia ciudadana llamada Guardia Nacional, con el objetivo de asegurar la continuidad en el funcionamiento administrativo de París, tomó el poder con el apoyo de los sectores obreros descontentos. Existía, además, el reclamo generalizado de una república democrática y una oposición también muy extendida a la probable restauración de la monarquía borbónica. Se produjo entonces un levantamiento en París en defensa del control sobre las armas que el propio pueblo había conseguido. Acto seguido, la Guardia Nacional llamó a elecciones para elegir al consejo municipal. Variadas ideas y personas que las encarnaban fueron finalmente elegidas: desde anarquistas, socialistas de la I Internacional y republicanos radicalizados, hasta representantes de barrios burgueses, que terminarían por retirarse y huir. Se suele decir que la Comuna fue la primera revolución socialista, no porque en ella hayan predominado los miembros de esa filiación, sino por la iniciativa de una organización político-administrativa establecida de forma espontánea, con la unión de las variadas ideologías representadas.

> **Las medidas**
> La Comuna puso en práctica una serie de políticas para la constitución de un poder democrático y popular. Entre muchas otras, fueron tomadas las siguientes medidas: abolición del trabajo nocturno; reducción de la jornada laboral; laicización del Estado y de la educación, que además pasó a ser gratuita y obligatoria; puesta en práctica absoluta de libertad de prensa, reunión y asociación. De allí, y no de su breve vigencia, la importancia que cobra en los registros históricos.

El principal organismo administrativo de la comuna fue el «Consejo de la Comuna», coordinado por una «Comisión Ejecutiva» dotada de poderes ejecutivos y legislativos. También se crearon comisiones por área que aplicaban políticas referentes a su actividad, aunque siempre respondiendo al Consejo. Se reformó también la Justicia: los magistrados eran elegidos por votación.

Sometida rápidamente al asedio por parte del Gobierno Provisional, que no quería ver esta experiencia expandida en otras zonas del país, la Comuna fue duramente reprimida. Luego de treinta días de combate, el asalto final a la ciudad devino en un fuerte enfrentamiento en las calles, en la llamada Semana Sangrienta, entre el 21 y el 28 de mayo. Se estima que fueron fusilados unos 30.000 obreros, a los que se sumaron alrededor de 40.000 personas enviadas a colonias a realizar trabajos forzados, los que murieron de diversas enfermedades. La ciudad parisina fue sometida a una ley marcial durante cinco años. Esta represión prácticamente logró eliminar al movimiento obrero francés de entonces.

Los mártires de Chicago

Año: *1886.*
Lugar: *Chicago, EE. UU.*
En síntesis: *el día Día Internacional del Trabajo rei-
vindica, rememora y homenajea la lucha de los
llamados «mártires de Chicago», caídos por la mejo-
ra de las condiciones laborales.*

El 1 de mayo de 1886 se iniciaron una serie de protestas en Chicago a fin
de reclamar una jornada laboral de ocho horas diarias. Los sindicalistas
convocaron a huelgas masivas para dar cuerpo y respaldo a su reclamo. Las
protestas se prolongaron hasta el día 4, cuando en la plaza de Haymarket
un desconocido arrojó una bomba a la policía. Esa explosión, que dio muerte a un agente e hirió a otros, fue atribuida a los principales organizadores
de las protestas, quienes sin ninguna prueba fueron condenados.

En los inicios de la revolución industrial en los Estados Unidos, a fines
del siglo XIX, Chicago era la segunda ciudad con más habitantes del país.
Los obreros, que vivían en condiciones laborales precarias, estaban afilia-
dos a la Federación Americana del Trabajo o, en menor medida, a la Noble
Orden de los Caballeros del Trabajo, una asociación sindical de influencia
anarquista. En este contexto se celebró en Chicago el 4.° Congreso de la
Federación, en el que se propuso que a partir del 1 de mayo de 1886 se
exigiera a los empleadores respetar una jornada de ocho horas de labor. En
caso de que el reclamo no fuera considerado, comenzarían la huelga.

Si bien el Presidente de los Estados Unidos, Andrew Johnson, promulgó la llamada Ley Ingersoll en 1886, que establecía una jornada de
trabajo de ocho horas, la misma no se cumplía. Así se originó la movilización de 80.000 obreros, organizados en más de cinco mil huelgas que
paralizarían el país. El reclamo no fue avalado por la prensa, que lo cali-
ficó como: «indignante e irrespetuoso, un delirio de lunáticos poco
patriotas».

En Chicago las movilizaciones siguieron durante los días consecutivos. El día 2, la policía había disuelto violentamente una manifestación de más de 50.000 personas, y el 3, en una concentración, un grupo de policías, reprimió a los manifestantes disparando a quemarropa. Quedaron en las calles 8 obreros muertos y varias decenas de heridos.

Pero el incidente más famoso fue el ocurrido el 4 de mayo de 1886, en la Plaza Haymarket, en Chicago, en un acto de repudio por la represión del día anterior. Hacia el final del acto, cuando un escuadrón policial ingresaba a la plaza, fue arrojada una bomba que, al explotar, mató a un policía e hirió a otros. La reacción policial no se hizo esperar, y dejó como resultado aproximadamente 40 manifestantes muertos y decenas de heridos.

El gobierno estadounidense acusó al inglés Fielden; a los alemanes Spies, Schwab, Engel, Fischer y Lingg; y a los norteamericanos Neebe y Parsons, los principales dirigentes obreros, de haber arrojado la bomba. El 28 de agosto de 1886, un jurado dictó su veredicto especificando que siete de los imputados (Parsons, Spies, Fielden, Schwab, Fischer, Lingg y Engel) serían ahorcados, y que el octavo (Neebe) purgaría 15 años de prisión.

Injusticia

El proceso tuvo múltiples anomalías, tales como testigos falsos, ignorancia de las normas procesales y selección fraudulenta de los miembros del jurado, tal como se demostró pocos años después. Se juzgó a los condenados colectivamente, y no como disponía la legislación penal, en forma individual. Uno de ellos murió «por accidente». Cuatro fueron colgados frente a la prensa, produciendo tal repudio que a los otros debieron conmutarles la pena por prisión perpetua; siete años después se vieron obligados a indultarlos.

43

Estas condenas, por su falta de base y dureza provocaron repudio a nivel mundial. El proceso de Chicago contra esos sindicalistas había producido una sentencia haciendo primar la razón de Estado por sobre la justicia, sin buscar pruebas sólidas ni tener en cuenta la normativa jurídica de la época. Se condenaba más que a determinados obreros, a la lucha laboral y al movimiento sindical en su conjunto.

A finales de mayo de 1886, varios sectores patronales otorgaron la jornada de ocho horas a miles de obreros. Este hecho marcó un punto de inflexión en el movimiento obrero mundial. Se podían obtener mejoras, se debía luchar.

El caso Dreyfus

Año: *1894-1906.*
Lugar: *Francia.*
En síntesis: *esta operación política, amparada por toda una estrategia de prensa, se convirtió en el símbolo de la manipulación informativa en nombre de una supuesta razón de Estado.*

La historia se había iniciado el 26 de septiembre de 1894, cuando Madame Bastian, una mujer que realizaba servicios domésticos en la embajada alemana en París y que cobraba además por ser parte de los servicios secretos franceses, encontró un papel con unas anotaciones. Lo guardó y se lo dio a su espía jefe, como todo lo que hallaba y podía sacar. Ese papel, que pasó a ser conocido como el *bordereau*, indicaba que existía un militar galo que conocía ciertos manejos importantes y que trabajaba para los alemanes.

44

El «caso Dreyfus» comenzó en 1894 sobre la base del mencionado *bordereau*. Esta nota demostraba que se había organizado un flujo de información vital francesa en favor de Alemania. Como consecuencia, Alfred Dreyfus, un militar francés descendiente de una familia judía, fue declarado culpable y condenado a cadena perpetua, pues su caligrafía era idéntica a la de la carta. A pesar de que el acusado alegó su inocencia y de que no existían pruebas contundentes en su contra, el Consejo de Guerra lo declaró culpable por unanimidad. A este veredicto, se le unió la aceptación casi total por parte de la opinión pública francesa, de manera que Dreyfus fue señalado como culpable en un acuerdo social que le valió la degradación de su título militar, la expatriación y reclusión en la temida Isla del Diablo, en la Guyana Francesa.

La familia del Dreyfus nunca aceptó las condiciones en las que se juzgó a Alfred. Su hermano, Mathieu Dreyfus, y Lucie Dreyfus, su esposa, investigaron a fondo por sus propios medios. Poco a poco, se infiltraron en el caso y la información que hallaron dio esperanzas a la familia para apelar. Georges Picquart, el nuevo jefe de servicios secretos, descubrió en 1896 que el autor de la carta de espionaje no era Alfred Dreyfus sino Ferdinand Walsin Esterházy, comandante de infantería. Picquart puso sobre aviso a sus superiores, pero éstos rehusaron reconocer el error y mantuvieron los casos tal como estaban. Frente a la insistencia de Picquart, éste fue transferido a África del Norte. Antes de viajar, Picquart confió la verdad a su amigo y abogado Louis Leblois, quien apeló al vicepresidente del senado francés, Auguste Scheurer-Kestner, pero en el gobierno decidieron guardar el secreto a falta de pruebas.

El caso Dreyfus tuvo como trasfondo el espionaje y el antisemitismo, y durante doce años conmocionó a la sociedad francesa a tal punto que dividió a sus ciudadanos en dos campos, los dreyfusards, partidarios de *Dreyfus*, y los *antidreyfusards*, sus opositores. La revelación del escándalo en «*J'accuse*» («Yo acuso»), un artículo de 1898 del notable escritor y periodista Émile Zola, provocó una sucesión de crisis políticas y sociales inéditas en Francia. Éstas revelaron las fracturas profundas que subyacían en la Tercera República Francesa y la existencia en la sociedad de un núcleo de violento nacionalismo y antisemitismo, amparado por una prensa muy influyente.

Ante el peso de las pruebas, en 1906 Alfred Dreyfus fue liberado de culpas y reintegrado en el ejército con todos los honores. En 1914, durante la Primera Guerra Mundial, tomó el mando de una unidad de reaprovisionamiento, como teniente coronel, y llegó al grado de comandante. Tras la paz, inició su retiro hasta su muerte, en 1935, a los setenta y cinco años de edad.

El alegato de Zola

«Yo Acuso al primer Consejo de Guerra, por haber condenado a un acusado fundándose en un documento secreto, y al segundo Consejo de Guerra, por haber cubierto esta ilegalidad, cometiendo el crimen jurídico de absolver conscientemente a un culpable. No ignoro que, al formular estas acusaciones, arrojo sobre mí los artículos [...] referidos a los delitos de difamación. Y voluntariamente me pongo a disposición de los Tribunales. [...] Que se atrevan a llevarme a los Tribunales y que me juzguen públicamente...».

45

Hundimiento del Maine

Año: 1898.
Lugar: La Habana, Cuba.
Síntesis: este hecho fue uno de los detonantes de la guerra hispano-norteamericana, que convirtió a Estados Unidos, difusor de los ideales de libertad, en potencia colonial.

El Maine fue un acorazado de la Armada de los Estados Unidos. En enero de 1898 fue enviado a las costas cubanas para proteger intereses norteamericanos. Dos semanas después de haber arribado, se hundió en el puerto de la Habana por una explosión, cuyas causas nunca fueron del todo determinadas. Sus principales consecuencias fueron la declaración de la independencia en Cuba y la pérdida por parte de España del resto de sus colonias en América y Asia, tomadas por Estados Unidos, convertido entonces en potencia colonial.

La postura internacional de Estados Unidos después de su guerra civil se concentró en consolidar su ya fuerte posición en la región. La economía norteamericana necesitaba nuevos mercados para colocar sus productos y materias primas baratas para sus manufacturas. México, Costa Rica y Honduras fueron algunos de sus destinos; en Cuba, la producción azucarera, de mucha importancia para la zona, pasó a estar en manos norteamericanas.

La isla sufría una larga guerra civil que de a poco comenzaba a afectar los intereses de Estados Unidos. A esto se sumaba el surgimiento de un sentimiento nacional en el pueblo cubano. Los norteamericanos se veían más que nunca animados a comprar la isla a los españoles, dado que ellos no habían participado en el reparto colonial de Asia y África que se había hecho en la Conferencia de Berlin en 1884, y un país era más poderoso cuanto mayor fuera el alcance, en territorios y colonias, de su influencia comercial y monetaria. El fuerte valor que tenía la isla de Cuba desde el punto de vista estratégico y económico hizo que fueran varios los presidentes estadounidenses que ofertaran comprarla. Sin embargo, el gobierno español siempre rechazó toda oferta, no sólo por una cuestión económica sino también de prestigio.

Debido a la fuerte crisis política que asediaba a España desde el final del reinado de Isabel II, tanto Cuba como Puerto Rico, valiosas colonias en las que Estados Unidos tenía puesto el ojo, resultaban un botín relativamente fácil de obtener. El último intento de compra tuvo lugar pocas semanas antes del comienzo de la guerra entre España y Estados Unidos.

Si bien la opinión pública norteamericana estaba a favor de una intervención armada, el presidente norteamericano McKinley supuso que los países europeos no verían con buenos ojos un ataque directo a una potencia debilitada como era España. Sin embargo, McKinley decidió enviar el buque de guerra, el Maine, a las costas de La Habana, con la excusa de asegurar los intereses de los residentes estadounidenses en la isla.

Teorías
Se manejan dos hipótesis sobre el hundimiento. La primera atribuye la explosión a una mina adosada a la proa del buque, que podría haber sido colocada por cubanos pro españoles, marinos de la metrópoli europea, cubanos insurgentes o marinos estadounidenses (en misión «no oficial») ávidos de una excusa para atacar a España. La segunda teoría es que la explosión se debió a una detonación espontánea de los pañoles de munición.

47

Durante varias semanas, los españoles se guardaron de responder a la provocación estadounidense para evitar así un conflicto diplomático. Sin embargo, dos días antes de que abandonar el puerto cubano, el Maine estalló. Se trata de uno de los mayores «misterios» bélicos de la historia contemporánea, y no pocos ven allí un recurso que tendría vasta continuidad en la historia norteamericana.

La explosión del buque fue utilizada como excusa para llevar a cabo una intervención armada en Cuba, Puerto Rico, Filipinas y otras islas del Océano Pacífico, inscribiendo a los Estados Unidos en una nueva forma de hacer política exterior. La guerra hispano-norteamericana fue el comienzo del gran ascenso de Estados Unidos como potencia mundial. Para España significó el aguzamiento de su crisis económica y política. Al "Gran Hermano del Norte" se le abría un campo fértil desde México hacia abajo.

Roosevelt y la política del garrote

Año: 1901.
Lugar: EE. UU. y resto de América.
En síntesis: En 1901, el presidente Theodore Roosevelt pronunció una triste frase tomada de un proverbio africano para definir la política interna y externa que asumiría su país.

«Habla en voz baja y lleva un gran garrote; así llegarás lejos». Ese era el proverbio que marcó la política, sobre todo exterior, de los Estados Unidos a partir de Theodore Roosevelt. Según ella, esa nación ayudaría a «regular diplomáticamente» los conflictos, principalmente en Latinoamérica, pero se reservaría la posibilidad de enfrentarlos con armas. Con esta política, EE. UU. instauraba su posicionamiento como hegemonía mundial, demostrando que tenía la capacidad y el poder de «velar por el bien común».

A comienzos del siglo XX, EE. UU. retomó y adoptó para sí la llamada «Doctrina Monroe». Formulada en 1823 por James Monroe, ésta establecía que cualquier intervención europea constituiría una amenaza directa a los EE. UU. La doctrina, que se sintetiza en la frase «América para los americanos», se dio en un contexto de independencia de los países americanos respecto de Europa, y en oposición al colonialismo. Roosevelt retomó sus postulados de Monroe desde una perspectiva diferente.

En un discurso llamado «Corolario Roosevelt», el presidente estableció que cualquier acción que condujera a quebrantar los lazos de la sociedad civilizada demandaría de otra que los reparase. Eso significaba que Estados Unidos, en virtud de su adhesión a la doctrina Monroe, podía ejercer justificadamente su poder sobre cualquier país del hemisferio occidental; no sólo autorizado sino «forzado» a intervenir en los asuntos internos de dicho país, para reordenarlo y ayudarlo a restablecer el orden civilizado. Era en realidad un pase libre para la intervención en los países del continente y para la consolidación estadounidense como nación hegemónica en toda América.

En 1933, con la llegada a la presidencia de su sobrino, Franklin D. Roosevelt, se «modificaron» las relaciones internacionales con América latina. Mediante su «Política del Buen Vecino», Estados Unidos abandonaba, supuestamente, la intervención directa en el continente pero mantenía su influencia política, institucional y económica. La nueva política no era más que un intento de unificar el continente americano como un sólido bloque bajo la hegemonía del Norte, para que América Latina no entrara bajo otro poder imperialista más que el de Estados Unidos. Esa intención se respaldó con el retiro de las tropas estadounidenses de Haití, la anulación de la Enmienda Platt (apéndice agregado en la Constitución de Cuba que favorecía a los Estados Unidos) y el reconocimiento de la soberanía cubana en 1934. También, en 1936, se revisó el tratado con Panamá y se acordó el respeto mutuo. Todo quedó en tinta sobre papel.

Lo cierto es que bajo la política del garrote, Estados Unidos realizó intervenciones políticas y militares en todo el continente americano, basándose (justificación de larga vigencia) en que los malos gobiernos latinoamericanos perjudicaban los intereses económicos estadounidenses. Si las presiones políticas y económicas no bastaban, se blandía el garrote. En su célebre Corolario, Theodore Roosevelt especificaba: «La injusticia crónica o la importancia que resultan de un relajamiento general de las reglas de una sociedad civilizada [...] puede obligar a los Estados Unidos, aun en contra de sus deseos, en casos flagrantes de injusticia o de impotencia, a ejercer un poder de policía internacional». Desde la ocupación militar de la República Dominicana en 1916 a la caída de Salvador Allende en Chile, en 1973, el garrote no tuvo ni tiene descanso.

> **Theodore, el pacificador**
> Roosevelt impuso la fuerza de Estados Unidos en el vasto continente americano. Sólo como ejemplo, ocupó Santo Domingo y Cuba, e intervino militarmente para construir el Canal de Panamá. Pero también llevó su política de intervención a escala mundial. Fue mediador en el conflicto entre Francia y Alemania sobre Marruecos en 1906, y para poner fin a la Guerra Ruso-Japonesa, en 1905. Fue el primer estadounidense en ganar el Premio Nobel de la Paz, en 1906.

49

Nace el imperio Ford

Año: 1903.
Lugar: Detroit, EE. UU.
En síntesis: la fábrica de automóviles Ford se inauguró el 16 de Junio de 1903. Pronto iniciaría su fabricación «en serie», como un proceso innovador en la producción industrial.

La fábrica estadounidense de automóviles Ford implementó para la fabricación de sus productos el modelo de producción en cadena; es decir, el llamado *fordismo*. El método buscaba y logró reducir el tiempo de armado de los coches. Con un sistema de trabajo especializado, ya no se requería que los obreros contaran con nociones completas de mecánica; debía ser diestro en una única etapa de la producción. Así se aumentaba la rentabilidad del producto y se bajaba el costo del menos especializado obrero.

En la recién fundada Ford Motor Company, ideada por Henry Ford, la construcción de automóviles era un trabajo artesanal. Cinco años después el mecánico ya no era un maestro de oficio sino un jornalero calificado, que trabajaba sobre un vehículo particular encargándose de realizar sólo partes del automóvil.

Hasta 1906 el automóvil era un símbolo de posición social, y cada uno había sido cuidadosamente armado por artesanos. Pero Ford se empeñaba en hacer del auto un producto simple, orientado al ciudadano común. Con ese objetivo se dedicó durante dos años al diseño del Modelo T, que salió a la venta en octubre de 1908.

Durante los primeros años el coche se fabricó en Detroit y casi como se producían los demás autos. Sin embargo, la demanda crecía constantemente, y había que satisfacerla. Ford supo que no sólo debía construir una nueva fábrica sino también establecer un nuevo rango de productividad. Necesitaba suprimir el requisito de destreza general; el obrero, en realidad, debería poder realizar siempre un mismo proceso, y cambiar la pericia del especialista por una automatizada rapidez. Cada vez más, cada vez más rápido: esa era la idea.

Ford comenzó la automatización de su fábrica de Highland Park en 1910, tomando y perfeccionando el modelo productivo del ingeniero y economista Frederick Winslow Taylor. En sus primeros años, la fábrica de cuatro niveles fue organizada de arriba abajo: el ensamble comenzaba en el cuarto nivel, donde se martillaban los paneles de la carrocería. En el tercer nivel los trabajadores colocaban las llantas en las ruedas y pintaban las partes. Una vez terminado el ensamblaje en el segundo nivel, los autos nuevos bajaban finalmente por una rampa que pasaba frente a las oficinas, en el primer nivel.

Gracias al nuevo sistema la producción aumentó en un 100%, y el ritmo se fue acelerando. Así se creó la primera y más eficiente línea de ensamble de la industria automotriz, que mejoraba constantemente.

Los críticos argumentaron que la división del proceso en tareas repetitivas convertía a los empleados en autómatas. Los hombres que fabricaban los autos ya no requerían los conocimientos generales en mecánica, ni siquiera necesitaban tener inclinación a la tarea, como sucedía cuando el armado era artesanal. En la nueva fábrica, los trabajadores eran simplemente jornaleros. De todos modos, Ford prefería no bastardear los salarios de los obreros, que en esa época estaban sindicalizados. A diferencia de la organización del trabajo taylorista, que redujo efectivamente los costos de las fábricas pero desatendiendo el salario, Henry Ford cuidó ese aspecto. Lo cierto es que la producción en serie implicó la pérdida de la calidad artesanal y la alienación de los obreros a partir de la parcelación del trabajo. Pero fue vital para la expansión del capitalismo, estableciendo nuevas normas de productividad.

> **Postfordismo**
> Se denomina así a la etapa superadora del fordismo. Ésta implica un sistema de producción, consumo y fenómenos tanto sociales como económicos que predomina desde finales del siglo XX en los países industrializados. En él se incluye la fuerza trabajadora femenina, la inclusión de las nuevas tecnologías, el énfasis en los tipos de consumidor y la adaptación a economías globales. El consumidor ideal es hoy el norte de toda producción, y las proyecciones a veces no son masivas sino para «nichos de mercado».

Guerra ruso-japonesa

Años: 1904-1905.
Lugar: Manchuria y Corea.
En síntesis: en uno de los primeros grandes conflictos entre potencias mundiales en el siglo XX, Rusia se enfrentó a la aguerrida nación oriental, lo que precipitó el ocaso zarista.

La guerra ruso-japonesa fue un conflicto bélico que tuvo lugar a partir de las ambiciones expansionistas de la Rusia Imperial, conducida por el zar Nicolás II, enfrentadas a las japonesas, bajo el mando del emperador Mastu-hito. Ambos buscaban anexar a Corea a sus territorios de influencia. El conflicto duró sólo un año, luego del cual Japón obtuvo derechos ferroviarios en Manchuria, los puertos de Dairén y Port Arthur, la península de Liaotung, la mitad de la isla de Sahalín y el reconocimiento ruso de su derecho a Corea.

52

Ampliar el territorio, tanto para Rusia como para Japón, implicaba obtener más y mejores puertos y considerables ventajas comerciales. Luego de la victoria japonesa en la guerra con China, Rusia y Alemania habían obligado al país nipón a devolverle a los chinos los territorios de Manchuria y Port Arthur. Sin embargo, Rusia, incumpliendo su palabra de abstinencia en el tema, ocupó Manchuria y consiguió el arrendamiento de Port Arthur como base naval libre de hielos, puesto que buscaban un puerto de aguas cálidas, que no se congelasen en invierno.

La ocupación de Manchuria por Rusia significaba una amenaza para Corea, cuyo gobierno era tributario del Japón. La infiltración de agentes rusos en Corea trajo como resultado que el gobierno coreano, deseoso de librarse de la tutela japonesa, les concediera una base naval próxima a las costas del Japón.

El gobierno japonés, entonces, conminó a Rusia a abandonar el territorio y le exigió cumplir con los acuerdos de 1900; la respuesta rusa se hizo esperar durante dos años, luego de los cuales Japón rompió las relaciones diplomáticas, el 6 de febrero de 1904. Al día siguiente, Japón se acercó inadvertidamente a las costas de Port Arthur y atacó a las naves rusas, más de la mitad de las cuales fueron hundidas o dañadas.

Pocos días más tarde, cuatro ejércitos japoneses desembarcaron en Corea, donde ocuparon todo el territorio hasta el límite con Manchuria, en el río Yalú. Se sucedieron diversas batallas sangrientas en las que los japoneses vencieron a los rusos en distintas partes del territorio, y Port Arthur quedó, por lo tanto, cerrada.

En un intento de rescatar Port Arthur, 160.000 rusos atacaron en Sha-Ho a 260.000 japoneses, armados con 1.200 cañones. Al terminar la batalla, el resultado para Rusia fue desastroso: murieron 60.000 de sus hombres; los heridos poblaban el campo de batalla y los otros quedaron prisioneros. Sin embargo, las pérdidas japonesas fueron también muy numerosas. En febrero de 1905, Port Arthur se declaró vencida.

La paz

La batalla de Tsushima marcó el fin de la guerra, y al poco tiempo comenzaron los intentos por un tratado de paz. El mediador entre las partes fue Theodore Roosevelt, presidente de los Estados Unidos, que finalmente logró un alto al fuego con el tratado de Portsmouth, que resultó muy desfavorable para Japón. Gracias a esta intervención, el presidente estadounidense (por supuesto que no sin discusión) recibió el Premio Nobel de la Paz.

53

Mientras los japoneses penetraban en el interior de Manchuria, avanzando hacia su capital, Mukden, la flota rusa del Báltico se aproximaba una vez más hacia Port Arthur. Cerca de Mukden los rusos hicieron su último esfuerzo para contener a los cañones del victorioso ejército japonés. La derrota fue aún más sangrienta que la anterior.

Estas victorias niponas finalmente terminarían por transformar en forma drástica el balance de poder en el Este de Asia: Japón se consolidó como país importante en el escenario mundial. Por primera vez un pueblo de oriente vencía a una potencia imperialista europea. Las humillantes derrotas generaron insatisfacción en los rusos respecto de su corrupto e ineficiente gobierno zarista, y fueron una de las principales causas de la revolución producida en ese país en 1905.

La Revolución Mexicana

Año: *1910.*
Lugar: *México.*
En síntesis: *fue el trascendente movimiento armado iniciado en 1910 para terminar con la dictadura de Porfirio Díaz, y que culminó con la promulgación de la Constitución en 1917.*

Francisco Madero escribió el *Plan de San Luis Potosí*, manifiesto donde denunció el fraude electoral por el que Porfirio Díaz fuera reelecto. Su artículo 7 decía: «El día 20 de noviembre desde las seis de la tarde en adelante, todos los ciudadanos de la república tomarán las armas para arrojar del poder a las autoridades que actualmente gobiernan. Los pueblos que estén retirados de las vías de comunicación lo harán la víspera». El plan puntualizaba: «sufragio efectivo, no reelección», y fue el acicate para el estallido.

A principios de 1900, Francisco Madero fundó el Club Democrático Benito Juárez y creó una red de intercomunicación entre los círculos opositores al régimen porfirista. En 1908 publicó su obra *La sucesión presidencial en 1910*, en la que planteó la necesidad de crear un partido independiente que lograra la efectividad del sufragio y el triunfo del principio contra la reelección, con el que se combatiría la dictadura de Porfirio Díaz. Antes de las elecciones de 1910, Madero fue encarcelado y acusado de haber pronunciado un discurso en el que injuriaba al presidente. Con Madero fuera del escenario, Porfirio Díaz, a través de un fraude electoral, fue reelecto presidente de México.

El 18 de noviembre, Aquiles Serdán, uno de los revolucionarios, fue asesinado en su casa. Después se inició la lucha armada en Chihuahua, donde el ejército de Díaz fue derrotado. Francisco Villa, se levantó en el sur y la revolución se extendió a otras ciudades del país. Porfirio Díaz decidió entrar en negociaciones pero como no pudo sacar provecho de ellas, renunció, viajó a Francia y abandonó el país.

Después de seis meses de lucha, la revolución maderista había triunfado. Madero colocó en el gobierno interino a varios de sus hombres y formalizó las próximas elecciones para 1911. Pero asumió el poder con un partido resquebrajado. Las discordancias revolucionarias se profundizaron y a los pocos días, Zapata se levantó en su contra. Los empresarios decidieron que si Madero no podía ordenar al país se necesitaba de una acción enérgica contra su gobierno, y fraguaron un plan para derrocarlo. Apareció en escena Victoriano Huerta, quien comenzó a jugar un doble papel: engañaba al presidente, a quien decía defender, y a los rebeldes con los que negociaba; en realidad era partidario de derrocar a Madero, pero en complicidad con los representantes de intereses extranjeros. Así, en enero de 1913 se inició la llamada «decena trágica»; es decir, los diez días de guerra en la ciudad de México que terminaron por derrocar al presidente. El 22 de febrero de 1913, Francisco Madero fue asesinado por la espalda.

> **Un *gringo* en la Revolución**
> El escritor mexicano Carlos Fuentes escribió la novela *Gringo Viejo*. Su protagonista es el escritor y periodista estadounidense Ambrose Bierce, que lo abandona todo para cruzar la frontera y unirse a las tropas de Pancho Villa, en plena Revolución. Esta novela fue llevada al cine por Luis Puenzo, en 1989. El papel del Gringo Viejo fue interpretado por Gregory Peck, el de la institutriz Harriet Winslow por Jane Fonda, y Jimmy Smits hizo del general Tomás Arroyo. Ambas obras son excelentes para acercarse al clima de aquellos días.

55

Distintos caudillos se levantaron entonces, pero no se pudo dar una organización nacional rápida y se provocó una nueva era de violencia. Para 1917 se promulgó la Constitución en la ciudad de Querétaro y el presidente Carranza se convirtió en el primero en gobernar bajo un régimen constitucional. En 1919 fue asesinado el revolucionario Zapata y en ese mismo año se promulgó el Plan de Agua Prieta, que proclamaba que la soberanía radicaba en el pueblo. Los revolucionarios volvieron a chocar entre sí y Carranza fue asesinado.

El General Álvaro Obregón protagonizó la etapa final de la Revolución. Otorgó derechos a obreros y campesinos y acrecentó una base popular de apoyo. En 1924 ocuparía la presidencia Plutarco Elías Calles, y con él tomaría forma definitiva el nuevo esquema político de México.

Primer Día Internacional de la Mujer

Años: *1911 en adelante.*
Lugar: *Europa y luego el mundo.*
En síntesis: *este día (fijado el 8 de marzo) conmemora la lucha de la mujer por la igualdad y la reivindicación de sus derechos, y es el resultado de un largo camino de luchas.*

En 1910, la Segunda Conferencia Internacional de Mujeres aprobó el establecimiento de un Día de la Mujer Trabajadora, celebrado por primera vez el 19 de marzo de 1911. Una semana después, el incendio de una fábrica neoyorkina resaltó los reclamos básicos que nucleaban a las mujeres en las asociaciones pioneras. Pero fue la protesta rusa de 1917 la que fijó la conmemoración el día 8 de marzo. En 1911 se plantó el primer mojón que llamó la atención del mundo sobre un género sometido a inequidades.

En agosto de 1910 se realizó en Copenhague, Dinamarca, la Segunda Conferencia Internacional de Mujeres Socialistas. En ella se aprobó la propuesta de la alemana Clara Zetkin respecto del establecimiento del Día Internacional de la Mujer Trabajadora como método de lucha por las causas que atañen a ésta. Así, el 19 de marzo de 1911 en Alemania, Austria, Dinamarca y Suiza se celebró por primera vez el Día internacional de la Mujer. El objetivo, proclamado en mítines multitudinarios, fue exigir el derecho al voto, el acceso a la formación profesional, a la ocupación de cargos públicos y a la no discriminación laboral.

Una semana después, el 25 de marzo de 1911, se produjo el célebre incendio en una fábrica textil (la *Triangle Shirtwaist Company*) de Nueva York. En ella murieron más de 140 mujeres, en su mayoría inmigrantes ilegales, lo que además de poner en primer plano las injusticias del régimen laboral vigente en general, acentuó los reclamos de género y provocó un replanteo en relación a qué lugar debía ocupar la mujer, y cuáles eran sus derechos y deberes en el entramado social. La discusión se multiplicó en posteriores encuentros femeninos en Estados Unidos. Con el correr de los años, varios países de Europa comenzaron también a llevar a cabo mítines con el objetivo de apoyar a la mujer. El 8 de marzo de 1917 se produjo en Rusia un amotinamiento de mujeres como consecuencia de la escasez de alimentos. Este acontecimiento fue uno de los coadyuvantes de la Revolución Rusa, que produjo la caída del Zar. El gobierno provisional estableció luego por primera vez el derecho a voto femenino, pero es en homenaje a aquella protesta inicial que la celebración del Día de la Mujer se ubica el día 8 de marzo. Se escogió ese día por su carácter fundacional, no sólo en relación al éxito de la protesta sino a que el reclamo en sí fue producto de la fuerza íntegramente femenina.

Más adelante la Organización de las Naciones Unidas (ONU) efectuó la adhesión a la causa de la mujer, defendiendo la igualdad de ambos sexos como derecho fundamental e indiscutible. Pero recién en 1975 la ONU comenzó a celebrar el 8 de marzo como el Día Internacional de la Mujer. Dos años después, en diciembre de 1977, la Asamblea General de la organización proclamó el 8 de marzo como Día Internacional por los Derechos de la Mujer y la Paz Internacional.

> **Puños femeninos**
> En los primeros días de aquel marzo de 1917, las mujeres encargadas de alimentar a sus familias se encontraban en un estado de carencia absoluta de víveres, por lo que comenzaron una protesta espontánea. Sus reclamos, que no apuntaban a derrocar al gobierno sino a evidenciar el hambre del pueblo, invadieron Petrogrado. El zar ordenó la represión, pero sus soldados se rehusaron a cargar contra sus madres y hermanas que reclamaban lo justo. Impulsada por puños femeninos, la Revolución comenzaba.

En la actualidad varios países celebran el 8 de marzo como día que representa la lucha de las mujeres a lo largo de toda la historia. Para homenajearlas se organizan jornadas y actividades de reflexión sobre problemáticas que afectan al género. Cada día se incorporan nuevas temáticas, desde los derechos de las mujeres campesinas a la invisible labor de las llamadas «amas de casa»; desde la equidad en la ocupación de cargos públicos (en algunos casos se han logrado establecer cupos mínimos de participación femenina) hasta el elemental y viejo reclamo de «igual salario por igual trabajo».

Se abre el Canal de Panamá

Año: *1914.*
Lugar: *Istmo de Panamá.*
En síntesis: *tras décadas de obras multitudinarias y de millonarias inversiones, el Canal se mostró como un prodigio del ingenio humano, y una estratégica vía de transporte por mar.*

Ubicado en la ciudad de Panamá, el canal conecta el océano Atlántico con el Pacífico. Su construcción definitiva insumió diez años. Los costos de su construcción, tanto materiales como humanos, fueron elevadísimos. El Canal ha sido una vía crucial para la economía y en el comercio mundial, ya que permitió rapidez y bajo costo en relación con otras alternativas de navegación. Los negocios surgidos del mercado globalizado serían en gran parte inconcebibles hoy, sin ese inapreciable recurso.

El istmo de Panamá tiene una ubicación privilegiada que permite acortar distancias, ya que posibilita la unión entre los dos más grandes océanos. Es por ello que hubo varios intentos de crear una ruta de navegación capitalizando esa ventaja. Sin embargo, recién en 1879 el francés Ferdinand de Lesseps, que había completado la excavación del canal de Suez, presentó por primera vez un proyecto de creación de un canal interoceánico en el Istmo de Panamá, que fue aceptado por la Sociedad Geográfica de París. Los trabajos se iniciaron en 1882 y la obra duró cinco años, en los que los constructores se enfrentaron a problemáticas de diversa índole: accidentes de terreno, epidemias como malaria y fiebre amarilla, elevada mortalidad del personal, adversidades climáticas, entre otras. Así, la obra se retrasó, los trabajos se suspendieron y la compañía se declaró en quiebra.

En 1903, el ingeniero jefe de la etapa de Lesseps, Philippe-Jean Bunau-Varilla, se propuso retomar el emprendimiento, y buscó apoyo financiero en el gobierno de Estados Unidos. De este modo, después de la declaración de la Independencia de Panamá respecto de Colombia (instigada por Estados Unidos), el gobierno panameño firmó el 18 de noviembre de 1903 el tratado Hay-Bunau Varilla, mediante el cual, Estados Unidos emprendió la construcción de un canal interoceánico a través del Istmo de Panamá.

La nueva república de Panamá, representada por Bunau-Varilla, concedió a EE. UU. los derechos a perpetuidad y permitió que se tomara una franja de ocho kilómetros a cada lado del canal, un espacio que adquirió el nombre de «zona del Canal». Por su parte, Estados Unidos abonó 10 millones de dólares y pagaría una renta anual de 250. 000 dólares. Se necesitaron más de 75.000 trabajadores para completar la obra, que duró una década. Los constructores del Canal se enfrentaron a la compleja geología de la zona, que generó peligrosos derrumbes de tierra. Otros problemas fueron el gran tamaño de las esclusas, la profundidad de las excavaciones y la organización multitudinaria de los operarios.

La ampliación
Desde su inauguración, aproximadamente 850.000 buques lo han transitado. Un riguroso programa de mantenimiento y constantes mejoras a su infraestructura han conservado al canal en óptimas condiciones de funcionamiento, y han modernizado su operación. En 2006 el gobierno se propuso llevar a cabo un gran proyecto para expandir el Canal, doblando su capacidad y creando un nuevo carril de tráfico, posibilitado por la construcción de un tercer juego de esclusas, complementario de las ya existentes.

Si bien el 7 de enero de 1914 la grúa flotante Alexander La Valle llevó adelante el primer tránsito completo, el Canal de Panamá fue inaugurado el 15 de agosto de 1914.

El Tratado Hay-Bunau-Varilla fue muy controversial en las décadas siguientes, y con razón. Juzgándolo como leonino y violador de la soberanía, Panamá comenzó a expresar su deseo de recuperar el control de la «zona del Canal». En 1970 se iniciaron negociaciones que desembocaron en el Tratado Torrijos-Carter, firmado por los presidentes de Estados Unidos y de Panamá, decretando el control panameño de la zona a partir del 31 de diciembre de 1999. Actualmente el Canal es administrado por la Autoridad del Canal de Panamá, con funcionarios designados por el presidente panameño.

El Canal tiene una longitud de 68 km, y su profundidad media oscila entre 12 y 14 metros, asegurando el pasaje de las naves de mayor calado.

Estalla la Gran Guerra

Año: 1914.
Lugar: Sarajevo, Bosnia-Herzegovina.
En síntesis: si toda guerra obedece a conflictos ya establecidos, siempre hay un detonante inicial. Así, el 28 de junio de 1914 un atentado hizo estallar la Primera Guerra Mundial.

En el último tercio del siglo XIX, Bosnia fue ocupada y quedó bajo administración del Imperio austro-húngaro, motivando la animosidad de los serbios contra las autoridades imperiales. Se formaron numerosas organizaciones que bregaban por su expulsión y por la creación de la Gran Serbia, con la inclusión de la mayoría de los pueblos eslavos de los Balcanes. En los primeros meses de 1914, una de estas organizaciones, La Mano Negra, de carácter secreto y métodos terroristas, cometió el trascendente atentado.

La Mano Negra entró en contacto con el jefe de la inteligencia militar serbia con el fin de planificar el asesinato de alguna figura relevante del gobierno austro-húngaro. Enterados de que en junio el archiduque estaría presente en Bosnia y que asistiría a la inauguración de un museo en Sarajevo, los conspiradores se pusieron manos a la obra.

El 28 de junio, seis jóvenes nacionalistas serbios, armados con bombas y pistolas, se apostaron a lo largo del trayecto que recorrería la comitiva imperial. En su camino hacia el ayuntamiento, el archiduque pasó sano y salvo por delante de los dos primeros, que tuvieron inconvenientes para accionar sus explosivos. El tercer terrorista, Nedeljko Cabrinovic, se hallaba en la calle que corría paralela al río Miljacka. Alrededor de las 10:00 de la mañana, cuando la comitiva pasó frente a él, Cabrinovic lanzó su bomba. Por fortuna para Francisco Fernando, el artefacto rebotó en la capota abierta de su vehículo y estalló debajo del coche siguiente. La explosión causó veinte heridos. El cortejo aceleró la marcha, y eso impidió la acción de los otros tres emboscados.

Luego de la recepción oficial, el archiduque y su séquito decidieron cancelar la agenda planificada y visitar a los heridos en el reciente atentado. Al ver fracasado el plan, uno de los conspiradores, Gavrilo Princip, se había detenido en una tienda a comprar algo para comer y a reflexionar sobre sus siguientes pasos.

La fatalidad hizo que la comitiva del archiduque equivocara el camino hacia el hospital y se detuviera para corregir el rumbo. El motor del coche en el que viajaban Francisco Fernando y su esposa se detuvo a pocos metros del extremista serbio.

Sin dudarlo, Princip se dirigió al automóvil y desde unos cinco metros realizó dos disparos fatales. Uno impactó en el cuello del archiduque y el segundo en el vientre de Sofía. El serbio fue detenido de inmediato. Durante la investigación posterior fueron atrapados todos los conspiradores. El juicio se resolvió con la condena de todos los implicados; cinco de ellos, a muerte por ahorcamiento.

La conmoción fue muy grande. Toda la atención europea quedó presa del hecho. El gobierno austro-húngaro envió una carta oficial a su par serbio, en la que se incluían diversas exigencias, algunas de las cuales fueron aceptadas y otras rechazadas.

Los ejecutores
También conocida con el nombre de Unificación o Muerte, La Mano Negra fue fundada en 1911. Su objetivo era la reunificación de todos los serbios en un solo estado, lo que la enfrentaba directamente con el Imperio austro-húngaro. La organización se complotó con Dragutin Dimitrijević, jefe del espionaje serbio. Tuvieron asesoramiento y apoyo oficial. Por eso y por las graves consecuencias del asesinato, la autoría moral de éste fue sujeta a muchas controversias.

61

Los austro-húngaros, frente a tal respuesta, enviaron un ultimátum a Serbia en el que se exigía la aceptación completa del documento anterior. Ante una nueva negativa, el 28 de julio, exactamente un mes después del asesinato del heredero al trono, el Imperio austro-húngaro declaró la guerra a Serbia. En pocas semanas más, Europa estaba en llamas. Por supuesto, el polvorín ya se había venido acumulando, pero la mecha de la Gran Guerra se encendió en Sarajevo.

El genocidio armenio

Año: *1915-1917.*
Lugar: *Armenia.*
En síntesis: *esta matanza atroz es considerada como el primer genocidio sistemático moderno. Es el segundo caso más estudiado después del Holocausto judío en manos de los nazis.*

En 1915, con la Primera Guerra Mundial en su apogeo, el gobierno turco, líder del Imperio Otomano, decidió la exterminación sistemática de la mayoría de la población armenia masculina y la deportación forzada del resto, en su mayoría mujeres, niños y ancianos. Esa deportación se volvió una marcha de muerte, con violencia extrema y privaciones de todo tipo. Los sobrevivientes exhaustos y traumatizados buscaron refugio en los países vecinos; se habían exterminado a más de tres cuartos de toda la población Armenia Otomana.

Armenia es una de las poblaciones más antiguas del Oriente Próximo; los armenios vivieron en el sur de la región del Cáucaso durante 3.000 años. Fueron convertidos al cristianismo en el año 301 d. C., y en el siglo XIX formaban la población más grande no-musulmana del Imperio Otomano.

Las relaciones pacíficas entre los armenios y otomanos habían sido la norma; a pesar de actos de discriminación, los armenios fueron llamados "el mijo fiel". Esto cambió en el siglo XIX, cuando las fuerzas nacionalistas se apoderaron de ambos, del reino otomano y de los armenios, y cuando el Imperio otomano empezó a desmoronarse ante las revueltas regionales. Entonces las llamadas de los poderes europeos para la protección de la población armenia tuvieron el efecto contrario, ya que el régimen del sultán Abdul Hamid II vio esa intervención desde afuera como una amenaza a su soberanía y respondió en 1896 con una campaña de asesinato masivo en la cual murieron 200.000 armenios.

En 1908, un grupo de oficiales dispuestos a modernizar el estatus político, «Los Jóvenes Turcos», hicieron caer al sultán otomano. Los armenios en general dieron la bienvenida al nuevo régimen ya que lo vieron como una alternativa progresista respecto del despotismo otomano. Pero el movimiento de Los Jóvenes Turcos (con su partido político, el Comité de Unión y Progreso, CUP) fue tomado por un pequeño grupo de fanáticos nacionalistas, encabezados por el triunvirato de Enver Pasha, Cemal Pasha y Talat Pasha. El trío empezó a tramar la exterminación de la población de Armenia, vista como una quinta columna potencialmente traidora.

Uno de los ideólogos del movimiento de «Los Jóvenes Turcos», el Dr. Nazim, habría de decir en una sesión cerrada del Comité de Unión y Progreso: «Si esta purga no es general y final, será inevitable acarrear problemas. Por consiguiente, es absolutamente necesario eliminar a la población armenia de manera integral, para que no exista ningún armenio en esta tierra y el concepto de armenio sea extinguido. No estamos en guerra. No tendremos nunca una oportunidad más conveniente que ésta».

Los eventos de la Primera Guerra Mundial que vieron aliarse a Turquía con Alemania y Austria-Hungría contra Inglaterra, Francia y Rusia, les dieron a estos arquitectos genocidas la oportunidad que estaban buscando para implementar su plan.

La masacre empezó el 24 de abril de 1915, con un acto de elitocidio (asesinato de una elite): 600 notables armenios, todos varones, fueron detenidos en Estambul y asesinados. El 24 de abril es para los armenios de todo el mundo el "Día conmemorativo del Genocidio".

Como respuesta a la continua negación del genocidio armenio por el gobierno turco, muchos activistas de las comunidades en la diáspora armenia han presionado para conseguir el reconocimiento oficial de aquél a través de varios gobiernos de todo el mundo.

Generocidio
Tal nombre recibe el asesinato masivo género-selectivo. El término fue usado por primera vez por Mary Anne Warren en su libro *Generocidio: Las implicaciones de la selección por sexo*, de 1985. La definición de genocidio es «la deliberada exterminación de una raza de personas». Y según Warren: «Por analogía, generocidio puede ser la exterminación deliberada de personas de un sexo (o género) en particular». El término se aplica al caso armenio, pues la matanza se inició con los varones.

Verdún, fábrica de muerte

Año: *1916.*
Lugar: *Verdún, Francia.*
En síntesis: *sangrienta y difícil, fue la batalla más larga de la Primera Guerra Mundial, y el ejemplo del nuevo tipo de guerra que se desarrolló en los primeros años del siglo XX.*

Durante la Gran Guerra, entre el 21 de febrero y el 19 de diciembre de 1916, tuvo lugar en Verdún una de las más cruentas batallas de toda la guerra. Las novedades tecnológicas y el poder letal de los nuevos armamentos (potentes fusiles, ametralladoras, tanques, etc.) determinaron nuevas estrategias y tácticas de combate, que llevaron a un aumento considerable en el número de bajas en comparación con cualquier conflicto precedente. Los sobrevivientes al largo encuentro quedaron marcados por el horror.

La inicial ofensiva alemana fue detenida en el Marne, en septiembre de 1914. Ninguna de las fuerzas en conflicto pudo, en adelante, lograr avances significativos. Se pasó de una etapa de guerra de movimiento a otra de guerra de trincheras. Este nuevo tipo de enfrentamiento se conoció como "guerra de desgaste", la que, como su nombre lo indica, consistía en infligir al enemigo la mayor cantidad de pérdidas tanto en materiales como en vidas humanas. La mayor potencia y alcance de la artillería moderna, el uso masivo de las ametralladoras, la aparición de la aviación y los vehículos blindados y la utilización de armas químicas fueron las novedades determinantes en esta nueva forma de confrontación, que costó a la humanidad decenas de millones de muertos en sólo cuatro años.

Hacia 1916, la zona de Verdún estaba muy mal defendida. En los momentos previos al ataque alemán los franceses contaba sólo con la mitad de las fuerzas que su oponente. En cuanto a la artillería, la proporción era peor: 300 piezas francesas frente a 1.400 alemanas.

El 21 de febrero de 1916, a las 7:15 de la mañana comenzó un intenso bombardeo sobre las posiciones francesas, que duró unas de diez horas. Fueron disparados más de un millón de proyectiles. Al día siguiente, los alemanes habían logrado penetrar unos 5 km. El día 24 cayó Fort Douaumont, que era la fortificación más importante de la línea de defensa.

El 25 de febrero, el general Philippe Pétain se hizo cargo del frente y el II ejército francés fue destinado a Verdún. Se trazaron nuevas líneas de defensa y se ordenó realizar contraataques para detener el avance alemán.

En los meses siguientes se sucedieron ofensivas y contraofensivas con las que sólo se logró que el número de bajas en ambos bandos alcanzara cifras muy altas. Pétain, que se caracterizaba por tácticas conservadoras, fue ascendido a comandante del Grupo de Ejércitos del Centro, que incluía Verdún, y fue reemplazado por el general Nivelle, que tenía una mentalidad más ofensiva. A principios de julio las tropas aliadas lanzaron una ofensiva en otro frente, el Somme, lo que obligó a los alemanes a mover parte de las tropas y de la artillería hacia ese punto. Mientras tanto, en Verdún y a tono con los principios de la nueva forma de guerra, prosiguieron las ofensivas y contraofensivas, en las que se ganaban o perdían algunos metros de terreno a un altísimo costo en vidas humanas. El 15 de diciembre se lanzó una ofensiva más amplia sobre los alemanes, ubicados ya, prácticamente, en las posiciones originales al principio de la batalla. Aunque Verdún siguió siendo un frente activo hasta el fin de la guerra, el Alto Mando alemán desistió de realizar más ofensivas en ese sector. Si bien es probable que nunca se conozca la cifra exacta, se estima que cada bando perdió, entre muertos, heridos y desaparecidos, alrededor de 400.000 hombres, respectivamente.

Barro, sangre, espera

Conocida también como "guerra de posición", la guerra de trincheras consiste en mantener a los ejércitos contendientes en líneas estáticas de fortificaciones cavadas en el suelo y enfrentadas unas con otras, con un terreno intermedio denominado «tierra de nadie». Este cambio se debió al incremento del poder de las armas de fuego sin que se hubiera producido un avance similar en las comunicaciones y la movilidad de las tropas. Se disparaba, se desgastaba uno y el enemigo, se moría.

El levantamiento de Pascua

Año: 1916.
Lugar: Irlanda.
En síntesis: el lunes de Pascua de 1916, los nacionalistas irlandeses reaccionaron contra la dominación
británica, se alzaron y proclamaron la formación de
la República Irlandesa.

Este levantamiento fue una rebelión fallida que, sin embargo, tuvo consecuencias hasta entonces no avizoradas. Irlanda fue la primera colonia inglesa y, tras setecientos años de ocupación, no estaba dispuesta a ser la última
en descolonizarse. Así, mientras el ejército británico se encontraba enfras-
cado en la Primera Guerra Mundial, aquel Lunes de Pascua, 24 de abril de
1916, las milicias nacionalistas irlandesas ocuparon la Oficina Central de
Correos, considerado uno de los símbolos del poder inglés en Dublín.

En 1914, luego de años de campaña por parte del líder irlandés moderado John Redmond, el Parlamento británico aprobó el proyecto de ley de
Reinado Doméstico Irlandés, que otorgaba el autogobierno a Irlanda. Sin
embargo, la implementación del proyecto se demoró por el inicio de la Primera Guerra Mundial. Redmond, que esperaba retener las relaciones posi-
tivas con Inglaterra, aconsejó a los irlandeses unirse al Ejército Británico,
pero un grupo de nacionalistas militantes vieron la guerra como una
oportunidad de lanzar una insurrección. Cinco hombres –Patrick Pearse,
Joseph Plunkett, Sean MacDermott, Eamonn Ceanny y Thomas Clarke— en
la clandestina Hermandad Republicana Irlandesa (IRB, por sus siglas en
inglés) formaron el Consejo Militar del IRB, en 1915. Un año después se les
unieron el líder James Connolly, cabeza del Ejército de los Ciudadanos
Irlandeses (ICA, por sus siglas en inglés), y Thomas MacDonagh.

Los hombres formularon un plan para lanzar una insurrección en Dublín
el fin de semana de Pascua, creyeron que contarían con un ejército de
hombres de la IRB, ICA y los Voluntarios Irlandeses, un grupo paramilitar de

nacionalistas moderados. Sin embargo, días antes del alzamiento, el líder de los Voluntarios Irlandeses, Eoin MacNeill, se enteró del plan y ordenó a sus hombres no participar. El plan fue comprometido aún más cuando un cargamento de armas alemanas fue interceptado.

El Lunes de Pascua, los rebeldes marcharon a través de Dublín a la Oficina General de Correos, donde arriaron la bandera británica y la reemplazaron por la tricolor y una bandera con las palabras «República de Irlanda». Pearse leyó la Proclamación de la República Irlandesa y declaró el «derecho de las personas de Irlanda al dominio de Irlanda, y al control completo de los destinos irlandeses, para ser soberanos e invencibles.»

Los rebeldes tomaron otros puntos de la ciudad con poca resistencia, ya que los británicos no estaban preparados para tal movimiento. Las tropas británicas esperaron a recibir refuerzos, y las batallas callejeras se intensificaron durante la semana. Para el viernes, los refuerzos habían llegado y las tropas británicas lanzaron el asalto a la oficina de correos. El sábado los rebeldes fueron forzados a rendirse y se terminó con el Alzamiento de Pascua.

> **Semillas en la tumba**
> «Nuestros enemigos son fuertes, listos y cautos; pero con todo lo fuertes, listos y cautos que puedan ser, no pueden luchar contra los milagros de Dios, que cosecha en los corazones de los jóvenes las semillas sembradas por los hombres jóvenes que les precedieron. Las semillas que sembraron los jóvenes de 1865 y 1867 han germinado milagrosamente hoy...». Así rezaba parte de la oración de Patrick Pearse del 1 de agosto de 1915, en el funeral de O´Donovan Rossa, un pionero de las luchas independentistas.

La mayoría de los residentes de Dublín no apoyaron dicha insurrección patriótica, e incluso algunos estaban molestos por las acciones de los rebeldes. La brutal respuesta británica, sin embargo, convirtió a los líderes en mártires, y eso sí consolidó la causa republicana.

La mayoría de la sociedad que hasta entonces no respaldaba la vía revolucionaria, comenzó a simpatizar con el *Sinn Féin*, el movimiento político nacionalista irlandés. En las elecciones generales británicas de diciembre de 1918, las urnas dieron a los nacionalistas en Irlanda una contundente mayoría con el 70% de los votos.

La Revolución Rusa

Año: 1917.
Lugar: Rusia. Octubre de 1917.
En síntesis: fue uno de los mayores acontecimientos de comienzos del siglo XX. Lenin, su mayor artífice individual, adaptó la tesis de Marx a la realidad rusa y lideró el movimiento.

El primer proceso revolucionario ruso se inició con la huelga de 1905. En octubre de 1917 se llevó a cabo uno de los fenómenos más importantes de la historia moderna. La movilización de todo un pueblo, gobernado entonces por un autócrata, para tomar el poder. Marx esperaba algo así en la industrializada Alemania. Pero Rusia materializó la primera revolución socialista en una sociedad de campesinos empobrecidos, que se organizó, se agrupó en soviets y elevó a Rusia a la condición de gran potencia mundial.

El Imperio ruso era gobernado autocráticamente por los zares. A diferencia de las monarquías occidentales, la zarista no tenía limitación alguna y gobernaba con ayuda de la policía política y una compleja burocracia. Hacia finales del siglo XIX, varios movimientos organizados por estudiantes, obreros, campesinos y nobles trataron de derrocar al gobierno sin éxito. Tras la derrota en la guerra con Japón, en 1905, el país se encontró en una situación de debilidad política. El pueblo aprovechó para manifestar sus reclamos, pero fue ferozmente reprimido. El llamado «Domingo Sangriento» cambió la opinión del pueblo respecto del «padrecito» zar. Hubo huelgas y manifestaciones en las que se unieron la burguesía y el proletariado y hasta algunas unidades militares.

El zar hizo algunas concesiones políticas, pero nada cambió. Sin embargo, grupos de campesinos, soldados y obreros se organizaron formando asambleas populares de autogestión (soviets), semilla de la venidera revolución. Los soviets eran dirigidos principalmente por Lenin, quien estaba exiliado desde 1900 y que lideró en 1903 la tendencia bolchevique en la escisión del Partido socialdemócrata ruso. En febrero de

1917, los soviets y la prensa empujaron al pueblo a la toma del Palacio de Invierno, residencia del zar, con el apoyo de parte del ejército. Nicolás II tomó la decisión de abdicar en el príncipe Lvov, que comenzó a gobernar con representantes de la Duma (Cámara baja del Parlamento). Se abrió así una fase moderada de la revolución, etapa en la cual gobernó Lvov por poco tiempo, ya que fue sustituido por Kerenski, quien formó un gobierno provisional. Había una guerra mundial, hambre y mucha desigualdad social.

Las condiciones del gobierno de Kerenski eran delicadas, puesto que los militares zaristas intentaban recuperar el poder. En octubre los bolcheviques, dirigidos por Lenin, tomaron nuevamente el Palacio de Invierno y destituyeron al gobierno provisional.

Se estableció un Gobierno de Comisarios del Pueblo, que ejerció su poder sobre los diferentes soviets. Trotski, jefe del soviet de Petrogrado (San Petersburgo), ocupó el puesto de Ministro de Asuntos Exteriores, y desde este lugar estableció las negociaciones con Alemania para lograr la paz: Rusia abandonaría la guerra y cedería parte de su territorio.

> **El Leninismo**
> Vladimir Ilich Lenin fue autor de un conjunto teórico de ampliación y reformulación del marxismo, adaptado a la situación política, económica y social de la Rusia de principios del siglo XX. Diferentes vertientes como el estalinismo, el maoísmo y el trotskismo tienen como base al leninismo, y se diferencian de él. Como todo programa ideológico, ha sido una fuente de controversia desde su implementación, teniendo críticos de izquierda (socialdemócratas, anarquistas e incluso marxistas) y de derecha.

Siguiendo las ideas marxistas de favorecer a las clases trabajadoras, el gobierno revolucionario expropió a los terratenientes repartió sus tierras entre los campesinos. Los trabajadores obtuvieron el control de las empresas, que pasaron a ser propiedad del Estado. La mujer equiparó sus derechos a los del hombre; la Iglesia se separó del Estado; el nuevo gobierno estaría formado por obreros y campesinos.

La revolución socialista asombró e impresionó al mundo occidental. Revelada contra el omnipotente zar, había dado origen a una nueva política, que buscaba la igualdad y hacer que el poder recayera en el pueblo.

69

La resistencia de Gandhi

Año: *1920 (inicio).*
Lugar: *India.*
En síntesis: *el aspecto de indefensión de ese hombrecito habrá llevado a los ingleses a subestimar la fuerza de su «no». Pronto sabrían qué significaba la «desobediencia civil».*

El término, luego sujeto a reinterpretaciones, fue popularizado por el ensayo de Thoreau *Civil disobedience* (1849). En el marco histórico de la humanidad se presentan cuatro desobedientes ilustres: Henry David Thoreau y Martin Luther King en Estados Unidos; Mahatma Gandhi en India y Nelson Mandela en Sudáfrica. Tuvieron en común asumirse como ejemplos de participación política y líderes de cambio social, tanto en sociedades no democráticas como en otras que siéndolo, olvidaban sus principios o ilegitimaban.

Mahatma Gandhi nació en Porbandar, India británica el 2 de octubre de 1869 y murió en Nueva Delhi, Unión de la India, el 30 de enero de 1948. Fue un abogado y político que desde 1918 estuvo al frente del movimiento nacionalista indio. Instauró métodos de lucha social novedosos como la huelga de hambre, rechazó la lucha armada y predicó la no violencia para resistir al dominio británico. Pregonaba la total fidelidad a los dictados de la conciencia, llegando incluso a la desobediencia civil pacífica, si fuese necesario; además, bregó por el retorno a las viejas tradiciones locales. Gandhi llamó a boicotear al gobierno colonial inglés mediante huelgas, movilizaciones y ruptura con la autoridad impuesta, con el objetivo de mostrar que de manera pacífica obtendrían mejores resultados que con la violencia, ya que la superioridad de los ingleses aplastaría cualquier lucha armada.

Entre los teóricos de la desobediencia civil, Mohandas K. Gandhi se destaca en la historia por la organización de las campañas masivas. Fue encarcelado en varias ocasiones y se convirtió en un héroe nacional. En

1931 participó en la Conferencia de Londres, donde reclamó la independencia de la India. Se inclinó a favor de la derecha del partido del Congreso, y tuvo conflictos con su discípulo Nehru, que representaba a la izquierda. En 1942, Londres envió intermediarios para negociar con los nacionalistas, pero al no encontrarse una solución satisfactoria, éstos radicalizaron sus posturas. Gandhi y su esposa fueron privados de su libertad y puestos bajo arresto domiciliario. Ella murió en 1944 mientras él realizaba veintiún días de ayuno.

Su influencia moral sobre el desarrollo de las conversaciones que prepararon la independencia de la India fue considerable, pero la separación con Pakistán lo desalentó profundamente. Una vez conseguida la independencia, Gandhi trató de reformar la sociedad india y apostó por integrar las castas más bajas y por desarrollar las zonas rurales. Desaprobó los conflictos religiosos que siguieron a la independencia de la India, defendió a los musulmanes en territorio hindú y por eso fue asesinado por un fanático integrista indio. A los setenta y ocho años, cuando se dirigía a una reunión para rezar, fue asesinado por un radical hindú, aparentemente relacionado con grupos ultra derechistas de la India. Éstos lo acusaban de debilitar al nuevo gobierno con su insistencia de que le fuera pagado a Pakistán el dinero prometido. Ética y razón de Estado parecían ser dos cosas reñidas con la moral política, y los pakistaníes ya eran vistos como los otros, los extranjeros, para dolor de los últimos años de este líder de la no violencia reconocido a nivel mundial. Su método de lucha hizo escuela, pero siempre debió sufrir las objeciones de los apresurados, los iluminados o los impacientes.

La gran marcha
El 12 de marzo de 1930, Ghandi emprendió la Marcha de la Sal. Tras un recorrido a pie de 300 kilómetros, llegó el 6 de abril a la costa del Océano Índico. Hundió sus manos en el agua y tomó un poco de sal. El gesto simbólico alentaba a violar el monopolio del gobierno británico sobre la distribución de sal. En la playa, la multitud recogió agua salada en recipientes, ejemplo seguido por todo el país. Los indios evaporaron el agua y recogieron la sal a plena luz del día. Ese día, los británicos encarcelaron a 60.000 «ladrones de sal».

71

Mueren Sacco y Vanzetti

Año: *1927.*
Lugar: *Massachusetts, EE. UU.*
En síntesis: *tras un controvertido juicio, los célebres trabajadores anarquistas fueron condenados a muerte. El cumplimiento de la sentencia tuvo vastas repercusiones.*

El 23 de agosto de 1927 fueron ejecutados dos trabajadores italianos, Sacco y Vanzetti, luego de un juicio plagado de irregularidades, de testigos cuestionables, de conductas impropias por parte del fiscal y del juez del caso, etc. Las sospechas de xenofobia, discriminación ideológica y de falta de imparcialidad llevaron a la opinión pública y a las organizaciones de los trabajadores de todo el mundo a movilizarse en apoyo de los acusados. Su ejecución final desató indignación, disturbios, huelgas.

72

En la tarde del 15 de abril de 1920 se produjo un atraco en South Braintree, Massachusetts, donde resultaron muertos Frederick Parmenter, un encargado de la nómina gubernamental y Alessandro Berardelli, un vigilante de seguridad. El 5 de mayo del mismo año fueron arrestados en Nueva York Ferdinando Nicola Sacco y Bartolomeo Vanzetti, y acusados, unos días después, de haber cometido el asalto y los asesinatos. Ambos eran inmigrantes italianos y trabajadores involucrados con el movimiento anarquista, de fuerte implantación en los Estados Unidos. En esos días de la posguerra, el ambiente en estaba saturado de un odio contra «radicales» y «extranjeros», fomentado por las capas hegemónicas de la sociedad y por la prensa empresarial. Fue un período de persecuciones y deportaciones, en el que las pruebas condenatorias solían ser muy poco consistentes. Baste recordar que sólo dos días antes de la detención de Sacco y Vanzetti había aparecido muerto el anarquista Andrea Salcedo, detenido ilegalmente en las oficinas del FBI en Nueva York. Las dudas sobre la muerte del activista estribaban en si había sido arrojado por la ventana del edificio o si, «por accidente», había caído durante el «interrogatorio de tercer grado», práctica habitual en aquella época que consistía en sostener por los tobillos al prisionero colgando fuera de la ventana.

Luego de un irregular proceso de identificación, en el que los testigos se contradecían y cambiaban de opinión constantemente (en años posteriores, varios denunciaron coacción), el tribunal validó la acusación y los prisioneros fueron llevados a juicio.

De acuerdo con la estrategia de la fiscalía, a cargo del procurador Frederick Katzmann, se juzgó primero a Vanzetti por un atraco anterior. A pesar de que los testigos de la acusación hicieron declaraciones inconsistentes y contradictorias, y de que la defensa presentó veinte testigos sólidos, el prisionero fue condenado por el juez Webster Thayer a 15 años de prisión.

De esta manera, la fiscalía presentaba el caso de South Baintree con un acusado ya convicto. Este proceso, al cual el juez Thayer pidió ser asignado, se realizó en Dedham, Massachusetts, y dio comienzo el 31 de mayo de 1921. La defensa demostró que Sacco se

> **Tiempo de lobos**
>
> Casi al final de su largo alegato final, sabiendo que no había esperanza posible, Vanzetti dedicó estas palabras a su compañero de infortunio: «Pero el nombre de Sacco vivirá en los corazones del pueblo y en su gratitud, cuando los huesos de Katzmann y los de todos vosotros hayan sido dispersados por el tiempo; cuando vuestro nombre, el suyo, vuestras leyes, instituciones y vuestro falso Dios no sean sino un borroso recuerdo de un pasado maldito, en el que el hombre era lobo para el hombre...».

73

encontraba el día del delito en Boston, tramitando un pasaporte en el consulado italiano, y que Vanzetti, como era habitual, estaba vendiendo pescado en Plymouth. Los testimonios de los testigos no se tuvieron demasiado en cuenta sobre la base de que eran anarquistas e italianos. La fiscalía presentó testimonios muy débiles y pruebas balísticas que más que conclusiones sembraban mayores dudas. Por fin, sobre la base de testimonios como «estaba seguro de que era extranjero por la manera de huir», «el atracador era de tez morena» o «parecía italiano», el jurado emitió el veredicto de culpabilidad tras cinco horas de deliberación. En Massachusetts, la condena por el delito juzgado era la silla eléctrica.

La rebelión de Kronstadt

Año: 1921.
Lugar: Isla de Kotlin, golfo de Finlandia.
En síntesis: en la Unión Soviética, los marineros de la fortaleza de Kronstadt se alzaron contra las políticas centralizadoras y autoritarias de los bolcheviques, y lo pagaron caro.

Los marineros de esa fortaleza naval, situada en el golfo de Finlandia, el «orgullo y gloria» de la Revolución Rusa, se levantaron en marzo de 1921 contra el gobierno bolchevique al que ellos mismos habían ayudado a llegar al poder. Con la consigna de «soviets libres» como estandarte, establecieron una comuna revolucionaria que sobrevivió dieciséis días, hasta que fue enviado un ejército a través de la superficie helada, con la directiva de aplastar a los rebeldes.

74

En los primeros meses de 1921 la situación en la Unión Soviética era sumamente inestable. Las limitaciones que imponía el «comunismo de guerra», muchas veces necesarias, habían minado la confianza del pueblo. En especial la de los campesinos, que habían sufrido una política de requisa de sus cosechas, la que en muchos casos sobrepasó los mismos límites impuestos por el gobierno bolchevique. La derrota de los ejércitos reaccionarios había puesto fin a la guerra civil, pero ésta dejó la economía al borde del colapso. En muchas regiones estallaron rebeliones campesinas que profundizaron la complejidad de la situación. También en muchas ciudades, que constituían la base fundamental del gobierno bolchevique, las privaciones habían producido huelgas y disturbios. En este contexto, también la ciudad de Petrogrado, ubicada en las cercanías de Kronstadt, estaba al borde de una huelga general a fines de febrero de 1921.

Los marineros de la fortaleza enviaron una delegación y, a pesar de los obstáculos que le interpusieron las autoridades, pudieron constatar en toda su crudeza las condiciones en que vivían los obreros y la represión que se estaba desatando sobre ellos. Al regresar la comisión, el 28 de febrero, se llevaron a cabo reuniones a bordo de los acorazados Petropavlovsk y Sebastopol, anclados en Kronstadt. Se acordó en una resolución conjunta de 15 puntos. El documento final fue aprobado en una gran asamblea en la Plaza del Ancla —habitual sitio de reunión en el cual podían concentrarse hasta 30.000 personas—. La resolución exigía la celebración inmediata de elecciones para sustituir a todos los soviets locales por soviets libres; la libertad de palabra y de prensa, en especial, para los anarquistas y los socialistas de izquierda; libertad de reunión de sindicatos obreros y campesinos; libertad para los revolucionarios encarcelados; cierre de las oficinas del partido bolchevique sostenidas por el Estado; supresión de las confiscaciones a los campesinos; igualación de las raciones de víveres y la abolición de los destacamentos militares comunistas permanentes en fábricas o unidades militares, entre otras demandas.

La polémica
A partir de los hechos de Kronstadt surgió una polémica que sigue vigente. La base de la discusión estriba en dos diferentes formas de entender la revolución: la de los comunistas autoritarios y la de los anarquistas. Una ironía de la historia relacionada con esta discusión es que en la retórica y los argumentos utilizados por el trotskismo contra los rebeldes de Kronstadt, se escucha un eco similar a las acusaciones esgrimidas por los estalinistas en la persecución de Trotsky y sus seguidores.

El documento fue rechazado. Los bolcheviques acusaban a los rebeldes de formar parte de un plan de la inteligencia francesa, de que la revuelta había sido organizada por ex oficiales zaristas, como el general Kozlovsky, entre otros, y de que todo era una conspiración contrarrevolucionaria.

Petrogrado quedó bajo ley marcial, por lo que los trabajadores de la ciudad no pudieron, o no quisieron, brindar ayuda a los rebeldes. El 7 de marzo comenzó el ataque de las fuerzas del gobierno. Luego de duros combates, que implicaron gran pérdida de vidas para ambos bandos, el 17 de marzo finalizaron los combates con la caída de Kronstadt. No se conocen con exactitud las cifras, pero se estima que miles de rebeldes fueron ejecutados, otros tantos enviados a Siberia y una importante cantidad huyó a Finlandia.

La Marcha sobre Roma

Año: *1922.*
Lugar: *Roma, Italia.*
En síntesis: *entre el 27 y 29 de octubre de ese año, Mussolini dio una muestra de su convocatoria en esta marcha sobre la Ciudad Eterna. El fascismo era una realidad.*

Ante la orden de Mussolini, una multitud de fascistas se dirigió a Roma con el objetivo de tomar el poder. Los «camisas negras» marcharon en la ciudad amenazando con provocar una guerra civil. Para evitar el derramamiento de sangre, el Primer Ministro solicitó el estado de sitio, pero el Rey Víctor Manuel III rechazó la orden y encargó a Mussolini, quien llegó desde Milán, formar nuevo gobierno en Roma. Miles de seguidores suyos realizaron un desfile triunfal el 30 de octubre. Otros tantos los aplaudían.

76

Finalizada la Primera Guerra Mundial, el panorama político de Europa se había modificado. La posguerra en Italia estaba signada por la miseria, la pobreza y el descontento popular. En este desfavorable contexto los socialistas ganaron las elecciones de noviembre de 1919.

Sin embargo, ya desde 1914 Mussolini manejaba el periódico *Il popolo d'Italia*, espacio utilizado para apoyar la entrada del país en la Primera Guerra. Al término del conflicto, Mussolini creó una unión de ex combatientes bautizada *Fascio di combatimento*, grupo del que resultó el movimiento fascista, nacionalista y anticomunista.

En mayo de 1921, el *Duce* («conductor») fue elegido diputado por Milán, y dio comienzo a su carrera política. Pero estaba dispuesto a llegar al poder, por lo que resolvió que el movimiento mussoliniano iniciara una gran movilización general de fascistas que sería conocida como la Marcha sobre Roma, el momento de gloria de los llamados «camisas negras». La movilización fue una acción política desplegada como operación militar, ya que todos los miembros del grupo fueron llegando desde diferentes puntos del país y concentrándose en los alrededores de Roma, mientras el líder controlaba el proceso desde Milán, la capital económica de Italia, listo para hacer su entrada en escena en el momento oportuno.

El gobierno intentó dictar el estado de sitio el 28 de octubre, pero el rey se negó a firmar el decreto para evitar un derramamiento de sangre y el desarrollo de una guerra civil. El Rey Víctor Manuel III intentó nombrar Jefe del Gobierno al liberal conservador Salandra (el Primer Ministro que había incorporado a Italia en la I Guerra Mundial), ofreciéndole a Mussolini cuatro ministerios. Sin embargo, éste intuyó el desconcierto oficial y exigió la las riendas del gobierno y cinco carteras. De esta forma, Italia cayó en poder de los fascistas sin ofrecer mayor resistencia, y Mussolini se colocó a la cabeza de su nuevo ministerio el 30 de octubre de 1922.

Los camisas negras habían triunfado. Con el correr de los días, sus filas habían aumentado de forma escandalosa. Con la certeza de que no habría enfrentamientos, muchos se sumaron a la Marcha sobre Roma, siendo más de 50.000 las personas que celebraron el 30 de octubre el ascenso de Mussolini al poder, desfilando en una marcha triunfal ante el Palacio Real.

Desde entonces, el poder ejecutivo quedó en manos del *Duce*. Mussolini implantó una dictadura fascista en 1925. Su régimen fue nacionalista y totalitario. Durante 21 largos y trágicos años, estableció y lazos con Hitler y Franco y se mantuvo en el poder estableciendo sus políticas propagandísticas (insuflando *slogans* en las masas) represoras, discriminatorias, persecutorias y antidemocráticas, y conduciendo una guerra sin tener la mínima capacidad para hacerlo, como mero instrumento y remedo de Hitler.

> **El final**
> En julio de 1943, el fracaso del ejército italiano en Grecia, Libia y África oriental, así como el avance de las tropas aliadas, motivaron el fin del fascismo y el encarcelamiento del *Duce*. Pero Mussolini fue liberado por paracaidistas alemanes y creó, el 12 de septiembre de 1943, una república fascista en el norte de Italia. El avance aliado hizo que emprendiera la huida a Suiza, desde donde intentó cruzar la frontera. El 27 de abril de 1945 fue descubierto y al día siguiente fue ejecutado junto a su compañera Clara Petacci.

La gran crisis

Año: 1929.
Lugar: Estados Unidos.
En síntesis: la crisis económica originada en Estados Unidos a partir de la caída de la bolsa, en 1929, se extendió a gran cantidad de países, y tuvo gravísimas consecuencias sociales.

La imágenes de hambrientos y desocupados parecían no provenir del adalid del capitalismo mundial. La crisis, de múltiples aristas, se prolongó durante toda la década anterior a la Segunda Guerra Mundial. En la mayoría de los países comenzó alrededor de 1929, pero se extendió en algunos hasta principios de los años 40. De todas las crisis sufridas en el siglo XX, fue la más prolongada y profunda, la que afectó a más naciones, y la más recordada. Muchos de los manuales de economía debieron reescribirse.

78

El Crack del 29 fue la más devastadora caída del mercado de valores en la historia de la bolsa de los Estados Unidos. La caída inicial ocurrió el llamado «Jueves Negro», el 24 de octubre de 1929, pero fue el deterioro del «Lunes Negro» y el «Martes Negro» (28 y 29 de octubre de 1929) lo que precipitó la expansión del pánico y el comienzo de consecuencias sin precedentes para los Estados Unidos.

El colapso continuó por un mes. La crisis del 29 coincidió con el comienzo de la Gran Depresión, un período de declive económico en las naciones industrializadas, y llevó al establecimiento de reformas financieras y regulaciones que se convirtieron en nuevos puntos de referencia. El motivo del crack del 29 fue la manipulación de la oferta monetaria por parte del gobierno americano, tras su nacionalización en 1914 al abandonar el patrón oro. La ciudad de Nueva York había crecido hasta convertirse en la mayor metrópolis, y en su distrito de Wall Street, eran muchos los que creían que el mercado podía sostener niveles altos de precio, siempre en alza. La euforia y las ganancias financieras de la gran tendencia de mercado fueron hechas pedazos ese fatídico jueves, cuando el valor de las acciones colapsó. Los precios continuaron cayendo a una tasa sin precedentes por un mes entero. Como en una inconcebible pesadilla, 100.000 trabajadores estadounidenses perdieron su empleo en un período de tres días.

La renta nacional, los ingresos fiscales, los beneficios y los precios cayeron, y no sólo en Estados Unidos. El comercio internacional descendió entre un 50 y un 66%. El desempleo en los Estados Unidos aumentó al 25%, y en algunos países alcanzó el 33%. Ciudades de todo el globo se vieron muy afectadas, especialmente las que dependían de la industria pesada, y la construcción se detuvo prácticamente en muchas áreas.

La agricultura y las zonas rurales sufrieron la caída de los precios de las cosechas, que alcanzaron tasas de pérdida de hasta un 60 por ciento. Ante la caída de la demanda, las zonas dependientes de las industrias del sector primario, con pocas fuentes alternativas de empleo masivo, fueron las más perjudicadas.

> **La burbuja**
> Bertrand de Jouvenel, en su libro *La crise du capitalisme americain*, narra la historia de John, que en 1921 invirtió 2.000 dólares en acciones de la RCA y de la Goodyear. En 1924 esas acciones valían 10.000. No las vendió. Tomó un crédito de 6.000 dólares y en 1927 sus acciones ya valían 36.000 dólares. Sólo vendía lo imprescindible para pagar los intereses de sus créditos. «¿Para qué reembolsarlos? Bastaba con comprar nuevas acciones. Tampoco ahorraba ni un dólar, ya que las subidas de la bolsa le enriquecían día a día». Todo un ejemplo.

Los países comenzaron a recuperarse a mediados de la década de 1930, pero sus efectos negativos en muchos países duraron hasta el comienzo de la Segunda Guerra Mundial.

La elección como presidente de Franklin Delano Roosevelt y el establecimiento del *New Deal*, en 1932, marcó el inicio del final de la Gran Depresión en Estados Unidos. Pero el liberalismo clásico había sido puesto en tela de juicio en muchos lados, y con él también el mismo sistema democrático liberal. Los fascismos serían parte de la negra cosecha de aquella crisis.

La Segunda República Española

Años: *1931-1939.*
Lugar: *España.*
En síntesis: *el período republicano (14 de abril de 1931-1 de abril de 1939) fue de entusiastas iniciativas y cambios en pro de la democratización y modernización del país.*

La Segunda República Española nació con la esperanza de desempolvar a España de atávicos frenos, del oscuro medievalismo económico y cultural en que estaba sumido, para colocarlo a la altura de sus pares europeos. Las propias limitaciones del gobierno, en especial las vacilaciones para ahondar en las reformas necesarias, desilusionaron a las fuerzas progresistas y abonaron el campo para la sedición de los sectores reaccionarios. El golpe fascista hizo el resto.

En 1931 el sistema político que sustentaba a la monarquía estaba agotado. Las elecciones municipales del 14 de abril mostraron un importante triunfo de los partidos republicanos, sobre todo en las ciudades. A pesar de su victoria en las atrasadas zonas rurales, el rey abdicó. La proclamación de la República fue acogida con euforia, como la esperanza de una España moderna y más justa. Su primer presidente fue Alcalá Zamora. En junio se realizaron las elecciones para nombrar jefe de gobierno. Triunfó la coalición de los partidos republicanos de izquierda y los socialistas. Como jefe de gobierno fue designado don Manuel Azaña.

El primer problema que tuvo que enfrentar la naciente república fue la Iglesia, que luchaba por conservar sus privilegios, pero que también era el blanco del ataque de la izquierda.

Con la mayoría progresista se logró reducir su poder y lograr la separación de Iglesia y Estado. También se dio impulso a la educación; los nuevos maestros fueron unos de los puntales del progreso que encarnaba la República.

Otro problema importante fue el relativo al campo. Si bien se decretó una reforma agraria, un escaso porcentaje de campesinos se vio beneficiado y sólo se logró la desilusión de los sectores populares y la irritación de las clases que no se resignaban a perder poder. La situación insostenible frente a las presiones de todos los sectores y la posibilidad de una crisis motivó el llamado a nuevas elecciones. En noviembre de 1933, las derechas, en una alianza constituida por la Confederación Española de Derechas Autónomas (CEDA) y el partido Radical, lograron una ajustada victoria. Se abrió entonces el período conocido como Bienio Negro, que buscó frenar o dar vuelta atrás a todas las reformas del gobierno anterior. En 1934, el nombramiento de tres ministros pertenecientes a la CEDA decidió a los socialistas, que veían cómo el fascismo avanzaba en Europa, a alzarse contra el gobierno. El levantamiento de octubre de 1934 sólo triunfó en Asturias, donde se envió a las tropas coloniales africanas al mando del general Franco para sofocar el movimiento revolucionario. En 15 días, la situación había sido controlada y la brutal represión desatada sobre las fuerzas populares fue el ensayo de lo que parte del ejército y la reacción ya comenzaban a planificar. Al año siguiente, a causa de un escándalo por corrupción, el partido Radical se desmoronó, por lo que se hizo un nuevo llamado a elecciones. En febrero de 1936, las izquierdas, unidas en el Frente Popular, lograron derrotar por escaso margen al Frente Nacional de las derechas. La polarización de la sociedad era extrema, la derecha ya conspiraba abiertamente y cada acción violenta era contestada de inmediato por las organizaciones populares, en una espiral que ya no se detuvo y desembocó en el golpe fascista que dio paso a la guerra y el fin de la República.

Mujeres a las urnas
Entre los avances sociales de la República se destaca el voto femenino. A partir de las elecciones de 1933 la mujer española pudo votar. A ello se sumó toda una serie de mejoras. Si bien la mujer no lograba superar los prejuicios de una sociedad patriarcal, sí se inició el camino hacia una mayor igualdad. Durante la guerra la mujer tuvo un papel destacado en la defensa de la República, pues entre otras cosas veía peligrar las incipientes conquistas logradas.

81

Hitler en el poder

Año: *1933.*
Lugar: *Berlín, Alemania.*
En síntesis: *Hitler, líder del Partido Nacionalsocialista, supo capitalizar necesidades, resentimientos y viejas heridas del pueblo alemán. Así logró hacerse de un inédito poder.*

Alemania atravesaba una gran crisis económica y social como resultado del fin de la Primera Guerra Mundial. En ese contexto se conformó el Partido Nacionalsocialista de los Trabajadores. Tras intentar fallidamente dar un golpe de estado, el partido fue ganando terreno en las sucesivas elecciones. Mediante una encendida oratoria que apelaba al orgullo nacional, Hitler fue nombrado canciller en 1933. La República de Weimar fue transformada en la Alemania Nazi, el régimen más autoritario y cruel de la Historia.

El 1 de abril de 1920, el Partido Obrero Alemán se convirtió en el Partido Nacionalsocialista Obrero Alemán, también conocido como Partido Nazi. A principios de 1921, Adolf Hitler, principal orador y propagandista y esencial fuente de ingresos del movimiento, se convirtió en líder del partido. Sus seguidores eran principalmente jóvenes excluidos y empobrecidos. Si bien por entonces los nazis no eran un grupo numeroso, en noviembre de 1923 intentaron realizar un golpe de estado a la república. El resultado fue un fracaso a causa de su pésima organización, razón por la que Hitler fue detenido y encarcelado. Pero su habilidad le permitió usar el juicio como un acto de propaganda, y durante su encierro escribió su libro *Mein Kampf* (*Mi lucha*), con el que logró cierta notoriedad a nivel nacional.

La inestabilidad política y económica contribuyó al crecimiento del Partido, y si bien hasta la crisis de 1929 los resultados políticos fueron escasos, el nazismo creció como resultado de los persuasivos y potentes discursos de Hitler, que revivieron el sentimiento de orgullo nacional debilitado.

En 1932 hubo elecciones presidenciales. Hindenburg, presidente de la república, se postuló para la reelección. Hitler era su principal contrincante y aquél lo derrotó con facilidad. Sin embargo, en las elecciones al *Reichstag* (Parlamento alemán) el Partido Nazi logró una clara victoria, y se hizo de un alto porcentaje de bancas. Como el nazismo era la primera fuerza política, las alianzas con él eran indispensables para una aceptable gobernabilidad. Hindenburg, anciano, fue manipulado políticamente, por lo que el nazismo logró convencerlo de designar canciller a Hitler, hecho que se produjo en enero de 1933.

El ascenso de Hitler a la cancillería inició el período del nazismo como ente político hegemónico. Hindenburg fue progresivamente dando vía libre a la actuación arbitraria de los nacionalsocialistas. Finalmente, el 24 de marzo de 1933 promulgó una ley por la que se establecía que todos los poderes del Estado serían manejados por el *Führer* (líder, conductor); es decir, Hitler. De este modo finalizó la República de Weimar (nacida tras la Primera Guerra Mundial) dando paso a la Alemania nazi.

> **Purga sangrienta**
> La llamada «Noche de los cuchillos largos» se dio el 30 de junio de 1934. Un grupo de alrededor de 200 hombres fue asesinado, muchos de ellos integrantes de la SA, una organización paramilitar nazi que se oponía a la hegemonía de Hitler. La purga que realizó el Partido Nacionalsocialista Obrero Alemán, también conocida como «Operación Colibrí», buscaba monopolizar de todas las estructuras del Estado alemán. Hitler la utilizó también para eliminar a sus enemigos políticos y asegurar su posición dentro del Partido.

83

Tras la muerte del anciano presidente, en agosto de 1934, el gesticulante orador consiguió asumir como jefe de estado, proclamándose *Fürher* de Alemania. Hitler supo abonar la idea de un invencible *Tercer Reich*, que fue recibida fanáticamente por millones de alemanes. Ya era máximo funcionario y líder indiscutible de un apabullante partido de masas. Beneficiario de un poder absoluto, su idea de la superioridad de la raza aria llevaría luego al genocidio de seis millones de personas. Judíos, gitanos, homosexuales y otros seres «inferiores» serían recluidos y asesinados en campos de concentración. El nazismo llevó a cabo los crímenes más monstruosos que jamás se han producido en la Historia universal, y dejó una Alemania devastada.

Guerra Civil en España

Años: 1936-1939.
Lugar: España.
En síntesis: en julio de 1936, la resistencia al golpe de estado realizado por una parte del ejército junto con sectores conservadores y fascistas dio paso a la Guerra Civil Española.

Ante la sublevación, la rápida respuesta de los sectores populares, más que del mismo gobierno, derrotó en una buena cantidad de ciudades el intento de abatir la voluntad de las urnas. Pero el afianzamiento de los sublevados en algunas zonas dio lugar a la confrontación que durante tres años tuvo en vilo al mundo, y que prologó la guerra mundial que se iniciaría en 1939. Allí jugaron el apoyo de las potencias fascistas al bando sublevado y la indiferencia de las grandes democracias occidentales.

Desde la misma proclamación de la República hubo sectores que se dedicaron a la conspiración. El primer intento ya lo había realizado el general Sanjurjo, en 1932. En 1936 quedaba claro para todos en España que el golpe era inminente. En la espiral de violencia en que estaba inmersa la sociedad española, el 12 de julio de 1936 fue asesinado el teniente de la Guardia de Asalto José Castillo, reconocido republicano. Como respuesta, fue detenido y asesinado el diputado monárquico protofascista José Calvo Sotelo. Esta fue la excusa que tomaron los facciosos para realizar el golpe de estado, que tenía fecha para el 10 de julio, pero que a causa de algunas vacilaciones se había retrasado.

El 17 de julio se inició el alzamiento en Melilla y todo Marruecos. Al día siguiente, estalló la sublevación en toda la península con desiguales resultados. El 20 de julio los facciosos controlaban cerca de un tercio del territorio, pero las ciudades más importantes, como Madrid, Barcelona, Valencia y Bilbao, quedaron en manos de las fuerzas democráticas. El ejército africano, al mando del general Franco, se trasladó a la península y avanzó por el oeste sobre Madrid, donde se había detenido la ofensiva planeada por el general Mola.

La resistencia del pueblo madrileño hizo desistir a los facciosos, que mantuvieron el asedio, pero redirigieron sus esfuerzos al frente del norte.

Mientras tanto, en la zona republicana, fundamentalmente, en Aragón, Cataluña y Valencia, se abrió paso la revolución con la colectivización de la industria agrícola e industrial, aunque el recelo de los comunistas por no poder controlar este movimiento y su gran influencia dentro del gobierno resultaron en un constante hostigamiento a las iniciativas de los trabajadores tanto rurales como urbanos.

Al mismo tiempo, la constante ayuda militar de los dictadores fascistas europeos a la rebelión fue inclinando el curso de la guerra en favor de los sublevados. La república, por su parte, recibió una onerosa ayuda militar soviética y la desinteresada solidaridad de decenas de miles de trabajadores de todo el mundo, que conformaron las Brigadas Internacionales. Como contrapartida, la timorata no intervención de las democracias occidentales, preocupadas por no irritar al nazismo alemán, abandonó a su suerte a la democracia española. La derrota de la República, en 1939, condenó a España al aislamiento de la Europa moderna, nacida de las ruinas que produjo la aventura genocida nazi.

El Valle de los Caídos

Se cuentan aberraciones de ambos lados, pero es muy controvertido el ciclópeo monumento que el Caudillo dedicó a su gloria, ubicado en el municipio de San Lorenzo del Escorial. Es para algunos una «prenda de paz», y para otros sintetiza la «Nueva España» nacida tras subvertir el orden constitucional. La monumental construcción contó, en su mayor parte, con el trabajo de más de 20.000 prisioneros republicanos, muchos de los cuales perecieron a causa de accidentes o más lentamente, afectados de silicosis.

En este recuento de acontecimientos que sacudieron al mundo moderno, aludiremos más de una vez a hechos de esta guerra fratricida, que produjo horrores conocidos y otros que a través de las décadas aún no se terminan de develar. Durante muchos años, las tumbas colectivas descubiertas al azar renovarían el dolor de la lucha entre hermanos.

Asesinato de García Lorca

Año: *1936.*
Lugar: *España.*
En síntesis: *el poeta fue fusilado por los franquistas en 1936, apenas estalló la Guerra Civil Española. Era republicano y homosexual. También un genial artista, pero eso no contaba.*

Federico García Lorca nació en 1898, en Granada. Fue poeta, músico y autor teatral y una figura clave de la generación del 27. En 1929 viajó a Estados Unidos, y de ese viaje surgió su libro *Poeta en Nueva York*. De regreso a España fundó la compañía teatral La Barraca, con el objetivo de difundir el teatro clásico español. Su obra reflejó la marginación social incluyendo a gitanos, homosexuales, negros neoyorkinos, y mujeres atadas con añosos cepos. Su muerte fue una pérdida para la cultura universal.

En las cinco primeras décadas del siglo XX tuvieron lugar dos guerras mundiales, varias crisis económicas y diversos conflictos sociales. Aunque lograría mantener su neutralidad durante la Primera Guerra Mundial, España no podía sustraerse a las luchas político-sociales europeas. En 1923, la dictadura de Primo de Rivera proclamó la ley marcial, disolvió las cortes y persiguió a los opositores liberales. Los conflictos civiles se agravaron hasta que, en 1930, Rivera renunció. Un año más tarde se proclamó la Segunda República. Durante ese período se llevaron a cabo diversas reformas que intentaron modernizar el país de acuerdo con su entorno europeo. La Constitución de 1931 fue la pieza clave de ese proyecto, porque llevó a las elecciones de 1936 en las que triunfó el Frente Popular. El golpe de estado del 17 y 18 de julio, por parte de una sección del ejército con el apoyo de las fuerzas más conservadoras, desembocó en la Guerra Civil y en el fin de la República. En este marco de luchas políticas en España, tuvo lugar la producción de la Generación del 27 (a la que perteneció García Lorca), grupo de escritores que aunó tradición y vanguardia, y se insertó en el contexto de participación y cambio. La mayoría de ellos apoyó al Frente Popular. El triunfo de la izquierda en 1936 provocó la reacción de la oposición: sobre todo del Movimiento Nacional, liderado por Francisco Franco. Así comenzó el fratricidio que duró tres años. García Lorca fue fusilado por las fuerzas dependientes de Franco en Víznar, Granada, en 1936, apenas estalló la contienda civil.

Colombia y México, cuyos embajadores previeron que el poeta podía ser víctima de un atentado, le habían ofrecido asilo, pero Lorca rechazó las ofertas y se dirigió a su casa en Granada para pasar el verano. Tras una denuncia anónima, el 16 de agosto de 1936 fue detenido en la casa de uno de sus amigos, el poeta Luis Rosales, quien obtuvo la promesa de las autoridades nacionales de que sería puesto en libertad «si no existía denuncia en su contra». Las últimas investigaciones determinan que fue fusilado en la madrugada del 18 de agosto. Había declarado en una entrevista al diario El Sol: «En Granada se agita la peor burguesía de España», y esa fue su sentencia de muerte. Federico García Lorca fue ejecutado en el camino que va de Víznar a Alfacar, y su cuerpo permanece enterrado en una fosa común anónima.

> **De un poeta a otro**
> Antonio Machado escribió en 1937 el poema «El crimen fue en Granada»: «Se le vio, caminando entre fusiles, / por una calle larga, / salir al campo frío, /aún con estrellas de la madrugada. / Mataron a Federico / cuando la luz asomaba. / El pelotón de verdugos / no osó mirarle la cara. / Todos cerraron los ojos; / rezaron: ¡ni Dios le salva! / Muerto cayó Federico / —sangre en la frente y plomo en las entrañas— /...Que fue en Granada el crimen / sabed —pobre Granada—, en su Granada...»

87

El autor del «Romancero Gitano» era republicano honesto y homosexual declarado, ambas cosas asimilables a un delito en esa época.

Cuando Franco asumió el poder en 1939, una de las más genuinas voces de España ya no sonaba. La muerte o el exilio sufridos por los miembros de la Generación del 27 durante estos años dispersaron al grupo. Pero las obras de Lorca y su generación aportaron al mundo belleza y sentido de la dignidad, dos elementos indisolubles en la corta vida del granadino.

La batalla de Madrid

Años: *1936-1939.*
Lugar: *Madrid, España.*
En síntesis: *el asalto a Madrid por parte de los militares sublevados fracasó por la dura resistencia del pueblo madrileño. Sobrevino luego un largo asedio que duró hasta 1939.*

El avance de los militares sublevados tanto desde el norte, según lo había planeado el general Mola —uno de los jefes del golpe de estado—, como desde el sur luego de haber fallado el plan inicial, fue detenido sin lograr tomar Madrid. La decidida resistencia popular frustró la idea de una rápida entrada en la ciudad. Ello decidió al general Franco, ya comandante de los sublevados, a establecer el sitio de Madrid y dirigir sus esfuerzos principales a otros frentes. La ciudad resistió hasta casi el final de la guerra.

De acuerdo con el plan original del general Mola, primer jefe de los golpistas, se movilizaron hacia Madrid tres columnas que partieron de Pamplona, Burgos y Valladolid, ciudades en las que el golpe de estado había triunfado. Estas fuerzas fueron detenidas en las sierras del norte de Madrid por los milicianos, y el día 27 de julio de 1936 la situación quedó estancada. Ante la defensa desplegada por las milicias populares, Mola decidió esperar la llegada de las tropas de Franco que avanzaban desde el sur. Ya en octubre, el gobierno constitucional de Largo Caballero creó el Ejército Popular de la República, que se encargaría de la defensa de la ciudad junto con las milicias de las distintas organizaciones políticas y sindicales de los trabajadores. En ese mismo mes comenzó a llegar el material bélico soviético, que terminaría costándole mucho dinero a la República y una oscura influencia del estalinismo sobre el poder político republicano.

Las tropas africanas llegaron a las inmediaciones de la ciudad el 6 de noviembre. El plan consistía en un ataque principal a través de la Casa de Campo, cruzar el río Manzanares y penetrar en la Ciudad Universitaria.

Desde allí se avanzaría hacia diversos puntos de la ciudad. Mientras tanto, en el sur, se realizarían ataques de diversión contra los barrios populares de la zona para distraer fuerzas de la defensa. En la noche del 7, el gobierno se marchó a Valencia y dejó en Madrid una Junta de Defensa, liderada por el general Miaja y su segundo, el general Rojo. Al día siguiente, el comandante Varela ordenó el avance a través de la Casa de Campo. El 9, se desplegó el primer grupo de las Brigadas Internacionales, que tuvieron un destacado desempeño en la Ciudad Universitaria junto con la Columna Durruti, célebre milicia confederal enviada desde Cataluña.

En medio de los combates, los defensores hallaron en un tanque enemigo destruido una copia del plan general de ataque.

En la noche del 15 de noviembre las tropas marroquíes lograron cruzar el Manzanares y penetraron en el campus de la Ciudad Universitaria. Durante los siguientes días se desarrollaron combates edificio por edificio y cuerpo a cuerpo, pero en la Ciudad Universitaria los invasores lograron mantener algunas posiciones. La batalla continuó hasta el día 23, cuando el frente se estabilizó en una línea de trincheras y búnkers, con los sublevados afianzados en buena parte de la Ciudad Universitaria.

Irregulares

Las milicias populares se constituyeron al calor de la lucha contra el golpe. Gran cantidad de voluntarios fueron organizados por los diversos partidos políticos populares y las organizaciones sindicales. Resultaron fundamentales para derrotar el golpe en varias ciudades y, luego, en los primeros momentos de la guerra, para detener su avance en diversos frentes. Debido a la influencia comunista en el gobierno, las milicias fueron militarizadas y pasaron a formar parte del Ejército Popular de la República.

Ese mismo día, el mando sublevado decidió abandonar los ataques frontales, mantener el asedio a la ciudad y dedicar los principales esfuerzos a otros frentes, mientras se mantenía Madrid como frente permanente. La ciudad comenzó a sufrir bombardeos constantes de artillería y ataques aéreos realizados por la Legión Cóndor, los aviadores nazis que tuvieron allí su escuela y entrenamiento para la futura guerra mundial. El sitio de Madrid, terminaría recién en marzo de 1939.

Horror en Guernika

Año: *1937.*
Lugar: *Guernika, Vizcaya, País Vasco.*
En síntesis: *el 26 de abril de 1937 se produjo el bombardeo de la población vasca de Guernika. En la «Operación Rügen» participaron fascistas alemanes e italianos.*

Si bien no fue el primer bombardeo contra una población civil en la historia, la repercusión internacional que produjo lo ha convertido en un hecho mundialmente conocido. La acción fue llevada a cabo por las aviaciones nazi alemana y fascista italiana, al servicio de los sublevados contra la República, y constituyó un ensayo o entrenamiento para los pilotos involucrados. También una prueba del poder destructivo del armamento y de las tácticas empleadas. El hecho ha quedado como un símbolo de lo peor de la guerra.

Esta es una ciudad de gran significación cultural e histórica para el pueblo vasco. En ella se encuentra ubicado el célebre «Árbol de Guernika», situado frente a la Casa de Juntas, símbolo de la libertad para los vascos.

La ciudad no contaba entonces con defensas antiaéreas, pero sí tenía un sistema de refugios que ayudó a minimizar la cantidad de víctimas producidas por el bombardeo. En el momento del ataque, la ciudad tenía unos 5.000 habitantes y en sus alrededores se hallaban fuerzas del ejército republicano (una unidad de *gudaris* vascos) que se retiraban hacia Bilbao y miles de refugiados. La fuerza de ataque estuvo compuesta por 4 escuadrillas de *Junkers Ju-52*; la escuadrilla de bombardeo experimental *VB 88*, formada por los modernos bombarderos *Heinkel He-111* y *Dornier Do-17*; 2 escuadrillas de cazas *Heinkel He-51* y una escuadrilla constituida por los célebres *Messerschmit Me-109*. También intervinieron algunos bombarderos y cazas de la aviación Legionaria de Mussolini.

La cifra probable de aparatos que participaron en la acción es de unos 31 bombarderos y 36 cazas. El ataque comenzó alrededor de las 16:00

horas y se prolongó hasta las 19:30, aproximadamente, y fue realizado en diversas oleadas de aparatos atacantes, mientras los cazas ametrallaban en vuelo rasante a quienes intentaban huir.

Sobre el casco urbano de la ciudad cayeron bombas de 550 libras y unos 3.000 proyectiles incendiarios de aluminio de 2 libras. El 70% de los edificios de la ciudad fue destruido, tanto por el impacto y explosión de las bombas como por el incendio provocado, que no pudo ser sofocado hasta el día siguiente. La Casa de Juntas y el «Árbol de Guernika» no sufrieron daños, como tampoco los sufrieron el puente cercano y una fábrica de armamentos, que sí podía haberse considerado como objetivo militar. Dos días después del bombardeo, las tropas facciosas entraron en la ciudad e intentaron borrar toda huella, pero gracias a la presencia de periodistas en la zona pudo conocerse el hecho.

Aún subsiste la controversia respecto del número de víctimas. Lógicamente, cada bando intentó magnificar o minimizar esa cantidad de acuerdo con sus intereses. En la actualidad, los historiadores estiman la cifra entre 250 y 300 muertos. Otro punto de debate son los motivos de la acción, dado que salvo el puente de Rentería y la fábrica —que quedaron intactos—, la ciudad no revestía importancia estratégica. Se entiende que fueron un cúmulo de factores los que influyeron en la decisión facciosa. Entre ellos, el ya mencionado uso del objetivo como campo de pruebas para la aviación nazi; el valor simbólico que la ciudad tiene para los vascos; —y como ya se veía teorizando desde la Primera Guerra Mundial— la utilización del bombardeo a poblaciones civiles indefensas con objeto de sembrar el terror y la desmoralización en la retaguardia de las fuerzas enemigas.

La prensa y Guernika

Gracias a la presencia de prensa extranjera en la ciudad («fortuna» que no tuvo Durango, bombardeada pocos días antes) y, en especial, a la labor e influencia del periodista inglés del *Times* de Londres, George Steer, pudo conocerse la verdad. El hecho tuvo repercusión internacional. También se advirtieron la ironía y la perversidad implícita en las palabras que Franco pronunció en su discurso del 18 de julio de 1938, cuando dijo que «los que destruyeron Guernika no tienen derecho a hablar de patria».

La batalla del Ebro

Año: *1938.*
Lugar: *Valle del Ebro, Tarragona, España.*
En síntesis: *esta derrota republicana tras una larga batalla (25 de julio al 16 de noviembre de 1938), condujo a la caída de Cataluña y prácticamente selló el destino del conflicto.*

El mundo, angustiado, miraba a España, y la batalla del Ebro constituyó un evento decisivo de la Guerra Civil. Los sublevados habían cortado en dos el territorio de la España republicana y amenazaban Valencia. El ejército del Ebro asumió el último esfuerzo de los republicanos. Su éxito inicial no pudo sostenerse por la superioridad material del enemigo. Al poco tiempo caía Barcelona y, luego, Madrid. Franco ganó la guerra. Hitler y Mussolini se encendían en discursos y se armaban. Europa veía el avance de una guerra total.

La ciudad de Valencia, sede del gobierno constitucional, estaba en peligro luego de la ofensiva de los sublevados en Aragón y la llegada de sus fuerzas a Vinaroz, en el Mediterráneo, que dividió el territorio republicano en dos partes. El general Rojo creó el Ejército del Ebro a partir de las unidades derrotadas en Aragón, con el objetivo de lanzar una ofensiva masiva en el valle del Ebro, cruzar el río e intentar llegar a Valencia para reunificar el territorio republicano. El nuevo ejército tenía unos 100.000 hombres, con tropas ya fogueadas y fuerzas bisoñas reclutadas en Cataluña. Como apoyo se desplegaron 200 piezas de artillería, 120 blindados y unos 200 aviones de combate. Los sublevados llevaron a la batalla, en total, unos 98.000 hombres, más de 300 piezas de artillería y unos 300 aviones de combate.

Pasada la medianoche, el día 25 de julio, los republicanos cruzaron el río. El ataque se dividió en tres líneas principales: al norte, hacia Mequinenza; al sur, hacia Amposta; y, en el centro, hacia Gandesa, el nudo de comunicaciones más importante de la región. La primera fase del ataque fue exitosa. Al amanecer, todos los pueblos ubicados en el sector central del frente habían sido liberados; en el norte, se había llegado a los límites de Mequinenza y a las elevaciones de Los Auts. El único ataque fallido fue el de Amposta, donde, perdido el factor sorpresa, los republicanos debieron replegarse más allá del río. En el centro, prosiguió el avance hasta Gandesa y Villalba de los Arcos. Las deserciones en el bando sublevado fueron numerosas y se les tomaron 5.000 prisioneros. Franco debió enviar refuerzos desde Andalucía y desde el frente del Levante, donde se detuvieron las operaciones, con lo que el objetivo fundamental de los republicanos se había logrado. Llegados a Gandesa, los republicanos se encontraron con problemas de abastecimiento, y debieron detener la ofensiva. El cruce de materiales a través del río era hostigado por la Legión Cóndor, mientras que la aviación republicana, en un hecho que nunca ha tenido explicación, demoró varios días en llegar.

Comenzó una lucha de desgaste, beneficiosa para las mejores abastecidas fuerzas franquistas, que realizaron la mayor concentración de artillería de toda la guerra y destinaron al frente casi toda su fuerza aérea disponible. El 6 de agosto realizaron la primera contraofensiva, pero la resistencia los obligó a lanzar contraataques sucesivos que no lograron romper el frente.

> **Los brigadistas**
> Las Brigadas se constituyeron a partir de voluntarios antifascistas de 54 países del mundo. Llegaron a participar en la Guerra Civil Española casi 60.000 voluntarios e intervinieron en las batallas más importantes. Fueron retiradas el 23 de septiembre de 1938, durante la batalla del Ebro. El poeta Rafael Alberti les escribió: «Venís desde muy lejos/ Mas esta lejanía,/ ¿que es para vuestra sangre que canta sin fronteras?/ La necesaria muerte os nombra cada día,/ no importa en qué ciudades, campos o carreteras...».

93

Hasta septiembre todo se estancó. El número de bajas en ambos bandos era enorme. El 30 de octubre llegó el ataque final. La concentración de artillería y de aviación fue decisiva. El flanco sur se desmoronó y los supervivientes cruzaron el río. Entre el 15 y el 16 de noviembre, los últimos combatientes republicanos volvían a cruzar el Ebro, pero en dirección contraria. La suerte estaba echada. De alguna manera, la República se había ahogado en las aguas ese paradigmático río.

Asesinato de Trotsky

Año: *1940.*
Lugar: *Coyoacán, México.*
En síntesis: *León Trotsky, ideólogo, motor y protagonista de la Revolución Rusa, fue asesinado por
orden de su enemigo Stalin el 28 de octubre de 1940,
en su exilio mexicano.*

Trotsky fue uno de los grandes actores de la Revolución de Octubre, pero sus
discrepancias teóricas, políticas y éticas con Stalin lo forzaron a exiliarse,
ante el ascenso del atroz dictador. Tras varios fracasados intentos de ultimarlo, un joven agente soviético logró ingresar en su casa como supuesto
admirador y discípulo. Cuando se encontraron a solas en su despacho, el
asesino se ubicó a su espalda y le clavó una pica en la cabeza. La herida le
causó la muerte un día después.

Trotsky fue un político ruso de origen judío nacido en Ucrania en
1879. Fue, junto con Lenin, uno de los máximos dirigentes de la revolución proletaria más importante del siglo XX. En los años previos a la gran
Revolución, en 1905, Trotsky fue nombrado presidente del soviet de
Petrogrado, por su inteligencia y su peculiar visión del marxismo, características que lo convirtieron en uno de los teóricos más importantes del
siglo. Trotsky fue periodista, historiador, colaborador en los planos del
arte y la cultura de su país, y también un estratega militar, ya que logró
crear el Ejército Rojo, conformado por obreros revolucionarios, que venció a catorce ejércitos extranjeros y al ejército blanco en la guerra civil
rusa. Al fallecer Lenin en 1924 comenzó una lucha en el interior del
núcleo bolchevique. Las hostilidades entre las diversas corrientes marxistas comenzarían a manifestarse en el interior del partido.

Stalin y Trotsky se consideraban marxistas y seguidores de Lenin,
pero mientras Stalin, sin preocupaciones teóricas, fue un fiel y discipli-
nado ejecutor del pensamiento de Lenin, Trotsky, de mayores inquietu-

des, buscaba entre las diferentes corrientes marxistas en pugna el verdadero y genuino camino de la Revolución. Recién en mayo de 1917 coincidió plenamente con Lenin, y cinco meses después encabezaron juntos la toma del gobierno. Esa militancia y cercanía sería fundamental para su condena y asesinato.

En 1922 Stalin ocupó la posición de Secretario General del Comité Central del Partido Comunista. Si bien el cargo no era considerado la máxima posición, luego de la muerte de Lenin, Stalin manipuló la situación a fin de consolidarse personalmente y desarrollar la política de intrigas, delación y traiciones que le permitió detentar todo el poder. Fue quitando del Comité a aquellos miembros que habían sido compañeros de Lenin, enviando a revolucionarios y antiguos bolcheviques a la cárcel o la muerte en campos de trabajo forzado. También Stalin fue cercando a su principal competidor, Trotsky, mediante un política de convenientes alianzas, que siempre eran transitorias. Logró

> **Mente y corazón**
> Si bien al llegar a México Trotsky vivió en la «Casa Azul» de Frida Kahlo y Diego Rivera en Coyoacán, la ruptura política con éste último, en 1939, lo llevó a mudarse a una finca del mismo barrio, donde vivió hasta su asesinato. Es famosa su corta pero intensa relación amorosa con Frida, quien carente de prejuicios burgueses se habría acercado a él sobre todo por fascinación intelectual, y por la admiración que motivaba en ella la historia del gran revolucionario.

95

sacarlo del Comité y del partido en 1929. Trotsky fue perseguido y acusado de ser «agente del gobierno norteamericano y del imperialismo mundial». Durante su exilio residió en varios países, y finalmente se estableció en México.

Un supuesto Jacques Monard (en realidad se llamaba Ramón Mercader) logró infiltrarse en la intimidad del revolucionario. Incluso sedujo a una de sus secretarias. Y en su casa de Coyoacán, ciudad de México, acabaría por ultimarlo. Al funeral de Trostky asistieron unas 300 mil personas, cifra altísima dada la población total de la ciudad. Mercader recibió una condena de veinte años por el crimen. Los partidarios de Stalin festejaron esa muerte como un triunfo. El tiempo, como siempre, fijaría los hechos en otra perspectiva.

Stalingrado, tumba del Reich

Años: *1942-1943.*
Lugar: *Stalingrado, Rusia.*
En síntesis: *esta victoria soviética, tras una ardua lucha entre agosto de 1942 y febrero de 1943, contuvo el avance nazi. La ofensiva del Ejército Rojo ya sólo se detendría en Berlín.*

En Estados Unidos se cantaban loas al valor soviético. Los alemanes fueron derrotados en una lucha casa por casa. Su ejército sufrió un importante golpe moral. Para los soviéticos, la victoria fue la demostración de que Hitler no era invencible. Esto levantó su espíritu patriótico y también, un ansia de venganza contra el invasor que luego no tendría freno. El ejército alemán, al mando del mariscal von Paulus, se vio obligado a rendirse. Fueron tomados 100.000 prisioneros, en la mayor derrota nazi en el frente oriental.

Stalingrado era el nudo ferroviario que unía Moscú con el Cáucaso y el mar Negro, y un destacado centro industrial. Poseía un puerto sobre el Volga. No había puentes y se utilizaban barcazas para comunicar las orillas. En invierno, el río queda cubierto por una capa de hielo que permite el paso de vehículos pesados. Para los alemanes se convirtió en un punto estratégico, en su afán de tomar los yacimientos petrolíferos del Cáucaso.

El primer bombardeo sobre la ciudad, realizado el 23 de agosto, dejó más de 5.000 civiles muertos. El día 29 llegó el general Zúkhov para asumir la defensa. Dos días después los nazis ya estaban en los suburbios de Stalingrado; alrededor de 10 divisiones avanzaban desde el norte, el oeste y el sur. Los soviéticos contaban para la defensa con unos 20.000 hombres y 60 tanques. Zúkhov nombró al general Chuikov comandante de la defensa. El 14 de septiembre se realizó el primer ataque. La colina Mamaev Kurganen se convirtió en uno de los puntos fundamentales de la lucha debido a su posición estratégica. Para mediados de septiembre los encarnizados combates en proseguían y la llegada de refuerzos soviéticos era constante. La lucha callejera no era una especialidad de la Wermacht, que empezó a sufrir una mayor cantidad de bajas. El 27 de septiembre von Paulus lanzó una ofensiva que intentaba ser definitiva. El aristócrata alemán temía la llegada del invierno; la caída de la ciudad era una necesidad apremiante. El ataque se dirigió hacia el norte de la colina Mamaev Kurganen hacia las fábricas Octubre Rojo y Barricada. Una división llegó a tomar posiciones que les permitieron disparar sobre los refuerzos soviéticos que cruzaban el Volga. Los nazis penetraron en la ciudad y lograron hacerse fuertes en algunos puntos, pero sin tomarla completamente. En el mes de octubre ya ocupaban el 80%, pero sus líneas de abastecimientos se habían extendido y se les complicada la llegada de recursos y refuerzos.

Nada de violines
La Orquesta Roja (o La Capilla Roja, *Die Rote Kapelle*) fue una célebre red de espionaje desplegada en toda Europa occidental a partir de 1939. Eran alemanes comunistas que luchaban contra los nazis. Gracias a su sección berlinesa el Ejército Soviético obtuvo los datos para planificar la Operación Urano y cercar al ejército nazi en Stalingrado. Esta heroica sección fue desmantelada por la Gestapo el 31 de agosto de 1942. La literatura y el cine recrearon su legendario accionar.

97

El 19 de noviembre dio inicio la Operación Urano sobre los flancos débiles del ejército alemán. El ataque rompió los flancos por el norte y el sur y las fuerzas soviéticas cerraron la pinza en la población de Kalach.

El 6.° ejército, con von Paulus a la cabeza de 250.000 hombres, quedó encerrado y sin suministros. A principios de diciembre ya morían por inanición. El día 12, von Mainstein avanzó desde el sur con la intención de romper el cerco soviético y rescatar a los sitiados, pero fue detenido a 50 km de la ciudad y debió retroceder. Los alemanes resistieron hasta fines de enero. Morían por miles diariamente, de hambre y enfermedad.

Los ataque soviéticos eran cada vez más duros. Finalmente, en contra de la orden de Hitler, von Paulus se rindió el 31 de enero. Los últimos soldados alemanes, que resistían en la fábrica Octubre Rojo, lo hicieron el 2 de febrero. De los 100.000 prisioneros sobrevivieron a la guerra algo más de 5.000.

Desembarco en Normandía

Año: *1944.*
Lugar: *Normandía, norte de Francia.*
En síntesis: *el desembarco en Normandía fue la mayor operación anfibia de la historia. Los aliados lograron penetrar en Europa, liberar Francia y comenzar la marcha hacia Berlín.*

Con el desembarco dio inicio la operación Overlord, nombre en clave que se dio a la invasión de Europa. En la acción intervinieron casi 3 millones de soldados, que cruzaron el Canal de la Mancha en dirección a las costas de la Francia ocupada por Hitler. El avance fue durísimo. A lo largo de dos meses se afianzaron las cabezas de playas y se penetró en el continente; las operaciones comprendidas en este plan finalizaron con la liberación de París el 25 de agosto de 1944.

El general Dwight Eisenhower se hizo cargo de la preparación de las operaciones de invasión del continente europeo en enero de 1944. Debido a que Calais, que era la zona más cercana a Inglaterra, poseía importantes defensas costeras, se eligieron las playas de Normandía como punto de penetración. La fecha de desembarco, el Día D, se fijó para el 5 de junio, pero, debido a condiciones meteorológicas desfavorables se optó por posponer la acción 24 horas.

Las operaciones comenzaron con el lanzamiento sobre suelo francés de tres divisiones aerotransportadas, en los primeros minutos del día 6 de junio. Los paracaidistas debían asegurar el avance de las tropas de desembarco y crear el caos en la retaguardia alemana. Se determinó que el desembarco se haría en cinco playas. A contar desde el Oeste hacia el Este estaba Utah, en la base de la península de Cotentin; quince kilómetros al este, se ubicaba Omaha, ambas designadas para el ataque norteamericano. En las tres siguientes hacia el este (Gold, Juno y Sword) desembarcaron los británicos y canadienses. A las 6:30 horas de la mañana, comenzó el desembarco en Utah, luego de ablandar las defensas costeras con intensos bombardeos aéreos y navales. Una hora después, se inició el desembarco en las demás. Al final del día, las cabezas de playa se habían asegurado con un éxito aceptable, dado que las bajas sufridas habían sido menores que las calculadas. El avance, en los días subsiguientes, se realizó con lentitud. Los norteamericanos debían ocupar la península de Cotentin —su característico terreno (el *bocage*) facilitaba el camuflaje y las emboscadas—, cuyo objetivo estratégico fundamental era el puerto de Cherburgo, determinante para el abastecimiento de las tropas. Este fue tomado recién el 26 de junio.

Los británicos se lanzaron a la conquista de la ciudad de Caen. Tras una tenaz resistencia alemana la ciudad cayó en sus manos el 21 de julio. Mientras tanto, el general Patton, con una parte del Tercer ejército estadounidense, llegó a Coutances, en la costa occidental de Cotentin, por lo que se toda la península quedó en poder de los aliados.

Entre el 6 y el 11 de agosto los alemanes respondieron con un contraataque, pero sus fuerzas quedaron muy extendidas hacia el oeste. Montgomery ordenó a Patton que rodeara a los alemanes por el sur, en tanto que los canadienses atacaban por el norte en dirección a Falaise. Hasta el 21 de agosto, la feroz defensa alemana impidió que la «bolsa de Falaise» se cerrase. Si bien, gracias a esta resistencia una buena parte pudo escapar, 50.000 soldados alemanes fueron hechos prisioneros en la acción. Los aliados cruzaron el Sena. El 25 de agosto, con la 2.ª división del ejército francés (al mando del general Leclerc) a la cabeza, las fuerzas aliadas entraron en París. Este triunfo fue crucial para el resultado de la guerra. Hitler, acosado por el Frente Oriental, ya no podría reconstruir un ejército como para hacer retroceder la avanzada de los Aliados.

La Novena

La División Leclerc del ejército de la Francia Libre contaba en sus filas con la Novena compañía, al mando del capitán francés Raymond Dronne, que estaba formada íntegramente por combatientes españoles que prosiguieron, de esta manera, su lucha contra el fascismo internacional. Lucharon desde el norte de África hasta el corazón del Reich, donde tomaron el célebre refugio de Hitler, El Nido del Águila. También fue la primera fuerza aliada que entró en París.

99

La caída de Berlín

Año: *1945.*
Lugar: *Berlín, Alemania.*
En síntesis: *la llegada al corazón de Alemania fue la victoria decisiva de la Unión Soviética. Al suicidio de Hitler le siguió la rendición que puso fin a la guerra en Europa.*

Los soviéticos, a las órdenes del general Zúkhov, lucharon en Berlín casa por casa para dar fin al nazismo ya agonizante. Los alemanes resistieron con sus últimas milicias, algunas de ellas formadas por adolescentes y niños. Las fuerzas soviéticas destinadas a la toma de la ciudad eran enormes. El poder artillero asoló Berlín hasta convertirla en una ciudad en ruinas. Dentro de su búnker el 30 de abril Hitler se suicidó junto con Eva Braun, su esposa. Pocos días después, los nazis firmaron la rendición.

Los soviéticos llegaron al río Óder, última barrera natural que los separaba de Berlín, a principios de abril de 1945. El Segundo Frente Bielorruso, al mando del general Rokossovsky, avanzó por el norte; el Primer Frente Bielorruso de Zúkhov lo hizo por el centro; y el Primer Frente Ucraniano, bajo las órdenes del general Kónev, se desplegó en el sector sur. Las fuerzas del Ejército Rojo alcanzaban el impresionante número de 2.500.000 hombres, 6.250 tanques, 7.500 aviones y alrededor de 41.000 piezas de artillería. En la margen opuesta del Óder, el general Heinrici, comandante del Grupo de Ejércitos del Vístula, se retiró detrás de los altos de Seelow y de inmediato hizo inundar la planicie que se extendía hasta el río para dificultar el avance enemigo.

La artillería soviética abrió fuego el 16 de abril. El avance en el centro, frente Seelow, fue detenido por la resistencia de los hombres de Heinrici, mientras que en el sur Kónev avanzaba de acuerdo a los planes. Zúkhov tuvo que presionar mucho para poder romper el frente en Seelow, el 19 de abril. El Frente Oriental se había derrumbado y sus hombres huían hacia la cercana Berlín. El día 20, los 300.000 hombres de Zúkhov se desplegaron al este y al noreste de Berlín; por el sur, el Primer Frente Ucraniano, con sus 200.000 hombres, proseguía su avance, mientras que el Segundo Frente Bielorruso atacó desde Stettin al III Cuerpo Panzer. El 22 de abril, se le ordena al general Wenck, del 12.° ejército, que marche desde el frente occidental, se una con Busse y su 9.° Ejército y se dirijan a Berlín. Ambos generales acordaron no regresar a la ciudad porque sería un sacrificio inútil. El 24 de abril, Berlín se encontraba completamente rodeada por las fuerzas del Ejército Rojo. Al día siguiente, el Segundo Frente Bielorruso rompió las líneas alemanas y entró en contacto con los norteamericanos, cerca de Torgau, a orillas del Elba.

El 25 de abril los soviéticos llegaron al río Spree, ya dentro de Berlín. El Ejército Rojo avanzaba librando un feroz combate. Pasaban de un edificio a otro demoliendo las paredes medianeras con explosivos. Tras dos días de combates ininterrumpidos, sobrepasaron la línea de defensa determinada por el metro de Berlín. Con las municiones a punto de agotarse y sin perspectivas de recibir

Suicidios

En la medianoche del 28 al 29 de abril Hitler se casó con Eva Braun. Al día siguiente, después de despedirse de su cuerpo médico y demás asistentes, se suicidó junto a su esposa y sus restos fueron enterrados en el patio de la cancillería. Los soviéticos hallaron los cuerpos y, luego de ocultarlos durante décadas, los incineraron. El 1 de mayo, Goebbels y su esposa, luego de asesinar a sus cinco hijos uno tras otro, se suicidaron. Muchos otros oficiales eligieron matarse antes que rendirse al vencedor.

101

refuerzos, la situación de los nazis era desesperada. El 28, Heinrici fue reemplazado por el general Weidling por haberse negado, el primero, a obedecer la orden de Hitler de resistir hasta el fin. Al día siguiente, los soviéticos llegaron al centro, donde sólo quedaban unos 10.000 defensores. El 30 de abril, el Ejército Rojo se desplegó a sólo centenares de metros de la Cancillería del Reich y continuó el lento avance. Esa misma noche, Adolf Hitler y Eva Braun se suicidaron en el búnker donde habían pasado sus últimos días. El 2 de mayo, el general Weidling rindió Berlín. El Imperio nazi que se pretendía eterno debió firmar una capitulación sin condiciones. Y Alemania tendría un largo camino que recorrer para recuperarse.

Hiroshima y Nagasaki

Año: *1945.*
Lugar: *Hiroshima y Nagasaki, Japón.*
En síntesis: *en agosto de 1945, con el Imperio del Japón prácticamente derrotado, dos de sus ciudades fueron completamente arrasadas por sendas explosiones nucleares.*

Por primera vez en la Historia se utilizaba la energía atómica como arma de destrucción masiva. La nueva era nuclear se estrenaba con sus peores vestiduras. Entre ambos hechos perdieron la vida, instantáneamente, más de 100.000 personas, y un número similar poco tiempo después por las secuelas de la radiación, cuyos efectos perduraron durante décadas. Hoy, Estados Unidos presiona para evitar el desarrollo nuclear en otros países, a pesar de haber sido el único país que ha hecho uso de armas de destrucción masiva.

El «Proyecto Manhattan», iniciado en 1939 por Estados Unidos, el Reino Unido y Canadá, cuyo objetivo principal fue la construcción de la primera bomba atómica, tuvo su corolario el 16 de julio de 1945 en Nuevo México, cuando se realizó la primera prueba de una explosión atómica. Previamente, en mayo, ya se habían elegido los objetivos sobre la base tanto de la importancia estratégica como de la magnitud del efecto destructivo. La intención de llevar la muerte de seres humanos a una escala superior a la conocida fue fundamental en la decisión; debían producir un efecto psicológico paralizador.

La primera misión, se llevó a cabo el 6 de agosto. Un bombardero B-29, el *Enola Gay*, comandado por el coronel Paul Tibbets, que transportaba la bomba, alzó vuelo de una base en Tinian acompañado por otros dos B-29 que se encargarían de tareas de medición y fotografía. A las 8:15 horas, ya en Hiroshima, el *Enola Gay* dejó caer sobre la población indefensa la bomba denominada *Little boy*, un artefacto construido con uranio 235. El estallido se produjo a 600 metros de altura; la temperatura aumentó miles de grados de manera instantánea y se generó una bola de fuego que fue creciendo centenares de metros, mientras un viento incandescente arrasaba con todo a su paso. Se calcula que la explosión fue equivalente a 13 kilotones de TNT. Los norteamericanos estimaron que 12,1 km² de la ciudad fueron destruidos. En el momento de la explosión murieron cerca de 80.000 personas, número que se elevaría pocos días después a 140.000. El 70% de los edificios de Hiroshima fueron destruidos. Media hora después de la explosión, comenzó a caer una «lluvia negra», compuesta de hollín, polvo y partículas altamente radiactivas que llevaron la contaminación hasta zonas alejadas del hipocentro. Dieciséis horas después del ataque, el presidente de los Estados Unidos, Harry Truman, hizo público el uso de la primera bomba atómica.

En la mañana del 9 de agosto, partió la segunda misión de bombardeo atómico. Su objetivo principal era la ciudad de Kokura y el secundario, Nagasaki. Cuando los B-29 llegaron a la primera, la encontraron cubierta de nubes, por lo que decidieron dirigirse hacia el objetivo alternativo. A las 11:00, el terror de Hiroshima se repitió en Nagasaki, esta vez, con una bomba de plutonio, más poderosa que la utilizada en el ataque anterior. La explosión resultante, equivalente a 22 kilotones de TNT, generó una temperatura estimada de 3.900°c y vientos de 1.005 km/h. Se estima que fallecieron entre 40.000 y 75.000 personas en forma instantánea. El radio total de destrucción fue de 1,6 km y se extendieron incendios en la parte norte de la ciudad hasta una distancia de 3,2 km del hipocentro. A diferencia de Hiroshima, no se produjo «lluvia negra» y, aunque sus efectos fueron más devastadores en el área inmediata al epicentro, la topografía del lugar evitó que el radio de destrucción fuera mayor.

Los debates
La polémica sobre la necesidad de esos ataques atómicos aún sigue vigente. Más allá de razones esgrimidas y sus réplicas, queda claro que, dado el terror generado a escala internacional por los ataques, estos buscaron advertir más que lograr la derrota japonesa. Las palabras de Truman al hacer públicos los bombardeos fueron claras: «Si no aceptan nuestras condiciones, pueden esperar una lluvia de destrucción desde el aire como la que nunca se ha visto en esta tierra».

Los juicios de Nüremberg

Año: 1945.
Lugar: Nüremberg, Alemania.
En síntesis: por iniciativa de los aliados vencedores en la Segunda Guerra Mundial, en estos procesos judiciales se juzgó por sus crímenes a dirigentes y colaboradores del régimen nazi.

Fue un acontecimiento de enorme repercusión en la opinión pública mundial. Allí fueron juzgados 24 de los principales responsables del genocidio perpetrado por el régimen. Si bien los juicios fueron controversiales en su momento, el proceso fue fundamental como primer paso para fortalecer la paz y garantizar un orden internacional que impidiera que los horrores de los crímenes contra la Humanidad se repitieran en un futuro. También fue importante sentar jurisprudencia internacional al respecto.

Pocos años antes de finalizar la guerra, las noticias de las atrocidades cometidas por el nazismo llevaron a desarrollar el proyecto de juicio internacional a sus dirigentes. En 1942 se creó una comisión cuya función consistía en elaborar una lista de responsables que serían juzgados al terminar el conflicto.

En 1945, tanto Stalin como Churchill y Roosevelt analizaron un amplio documento y sentaron las bases para llegar a un convenio entre los aliados respecto del modo en que se llevaría a cabo ese juicio. El 8 de agosto de 1945, habiendo terminado la guerra, se firmó en Londres el acuerdo entre los 26 países que habían intervenido en ella, y se resolvió crear un Tribunal Internacional Militar integrado por jueces rusos, ingleses y franceses.

El 14 de noviembre de 1945 comenzó el proceso de Nüremberg. El Estatuto del Tribunal tuvo en cuenta cuatro categorías: los crímenes contra la paz, los crímenes de guerra, los crímenes contra la humanidad y conspiración. Los acusadores hicieron los cargos correspondientes, a lo que los acusados respondieron declarándose, casi en su totalidad, inocentes. Los argumentos de la defensa hicieron hincapié en la imposibilidad de aplicar leyes con carácter retroactivo. Además, las acusaciones describían delitos que no lo eran en el momento de haberse cometido, ya que las leyes internacionales eran inexistentes durante la guerra. Por otro lado, los países que estaban juzgando a los acusados habían mantenido relaciones con la Alemania nazi. Una de las principales armas de la defensa se basó en la «obediencia debida»; es decir, en la supuesta ignorancia respecto del manejo de los hechos por parte de los implicados, y su participación sólo en carácter de subordinados del régimen nacionalsocialista. De todos modos, se intentó sentar jurisprudencia y condenar a los jefes nazis y a los mismos horrores cometidos.

Las sentencias se dictaron el 1 de octubre de 1946. Los jueces hallaron a 19 de los 22 acusados culpables de alguno de los cargos imputados.

Concluido el juicio, el gobierno estadounidense decidió que se juzgaría en el Tribunal de Nüremberg a otros 199 acusados de actividades criminales durante la guerra. De ellos, 38 fueron absueltos, 36 condenados a muerte (aunque sólo 18 fueron ejecutados), 23 a cadena perpetua y 102 a condenas menores. Sin embargo, ninguno de los que quedaron con vida cumplió más de 7 años de prisión.

Un juicio, cuatro idiomas

El proceso en Alemania causó gran expectativa a nivel mundial. La causa se desarrolló durante 10 meses en 216 sesiones, y fue presenciada por periodistas enviados de varios países del mundo. Por este motivo se emplearon 4 idiomas: inglés, francés, ruso y alemán. Además, dada la diversidad lingüística, se desarrolló por primera vez el sistema de interpretación simultánea, es decir, lo dicho era traducido oral e instantáneamente. Los que fueron sentenciados a cadena perpetua cumplieron su pena en la prisión de Spandau.

El conjunto de procedimientos llevados a cabo en Nüremberg significó el establecimiento de reglas básicas de persecución a los criminales de guerra. El proceso se convirtió en uno de los símbolos del siglo XX, porque además de juzgar a los principales culpables de crímenes contra la humanidad, el proceso tuvo como objetivo aprobar nuevas normas de vida tras una época en la que predominaron la crueldad, la opresión y la violencia.

Nace el Estado de Israel

Año: 1948.
Lugar: Palestina/Israel.
En síntesis: la lucha, a nivel político y diplomático,
del movimiento sionista a lo largo de más de sesenta años, se vio compensada cuando se izó la
bandera en la vieja Palestina.

En 1947, tras el estallido de la violencia por grupos militantes judíos y árabes y la imposibilidad de conciliar a ambas poblaciones, el gobierno británico decidió retirarse de Palestina y puso en manos de la ONU la resolución del conflicto. La Asamblea General aprobó el 29 de noviembre de 1947 un plan que dividía a Palestina en dos Estados, dando a los árabes y a los judíos una extensión similar de terreno. Jerusalén quedaría administrada por las Naciones Unidas. El Estado de Israel se creó al año siguiente.

El primer exilio o diáspora judía ocurrió en el año 586 a. C. cuando el rey de los babilonios, Nabucodonosor II, conquistó el Reino de Judá, destruyó el primer templo y trasladó a los líderes judíos a Babilonia. Setenta años más tarde, el rey persa Ciro II el Grande, conquistó a los babilonios y permitió el regreso de los judíos a la Tierra de Israel. El segundo exilio se produjo en el año 70 d. C., cuando el general romano Tito, futuro emperador, derrotó una revuelta judía y destruyó el segundo templo. Un mayor número de judíos fue expulsado después de que fuera aplastada la rebelión de Bar Kojba en el año 135 d. C. Desde entonces los judíos se dispersaron por todo el Imperio Romano y por el resto del mundo. Sin embargo, siempre hubo judíos que nunca salieron de lo que se denomina en el Antiguo Testamento como «la Tierra Prometida».

La dispersión de los judíos por todo el mundo los convirtió en una minoría cultural en numerosos países, lo que provocó en muchos casos un rechazo por parte de la sociedad local, que se manifestó en persecuciones y expulsiones. Durante la segunda mitad del siglo XIX, algunos pensadores como Theodor Herzl o León Pinsker propusieron remediar la situación mediante la creación de un Estado Nacional para el pueblo judío. Esto llevó a la creación del movimiento sionista, que propugnó desde sus inicios el restablecimiento de una patria para el pueblo judío en la Tierra de Israel y fue el promotor y responsable, en gran medida, de la fundación del moderno Estado de Israel.

Palestina, que había formado parte del imperio otomano, quedó bajo control británico durante la Primera Guerra Mundial y desde 1923, bajo la administración de Gran Bretaña por mandato de la Liga de Naciones. Los británicos ya habían prometido su ayuda a los judíos para el establecimiento de un hogar nacional en Palestina en la Declaración de Balfour (1917), con tal de que fueran respetados los derechos civiles y religiosos de las comunidades no judías allí existentes. Gran Bretaña fomentó la inmigración de tal manera que hacia 1939, la población judía alcanzaba el medio millón de personas. Los árabes se opusieron a esta inmigración masiva y después de la Segunda Guerra Mundial, el conflicto se agravó y los británicos entregaron su mandato.

Crear un idioma
Eliezer Ben-Yehuda (1858-1922) se propuso lograr una lengua que reemplazara al yiddish y otros dialectos en la comunicación habitual entre los judíos. Su emprendimiento parecía utópico. En 1884 empezó a publicar *El ciervo*, periódico en hebreo moderno. Fundó el Comité de la Lengua Hebrea, que más tarde sería la Academia de la Lengua Hebrea. Los resultados de su obra y del Comité fueron publicados en un diccionario. El hebreo moderno es hoy lengua oficial del Estado de Israel.

107

En noviembre de 1947, la Organización de las Naciones Unidas aprobó la división de Palestina en dos estados, uno judío y otro árabe, así como la jurisdicción internacional sobre Jerusalén, ciudad santa para judíos, musulmanes y cristianos. El nuevo Estado judío adoptó el nombre de Israel, se fijó la capital en Jerusalén y la sede del Parlamento en Tel Aviv, y se constituyó como democracia parlamentaria.

El 14 de mayo de 1948 se proclamó el nuevo estado de Israel. David Ben Gurión, dirigente socialista del movimiento sionista, leyó el acta fundacional y se convirtió en el primer presidente del gobierno.

Nacimiento de la OTAN

Año: *1948.*
Lugar: *Bruselas, Bélgica.*
Síntesis: *el nacimiento de la Organización del Tratado del Atlántico Norte, el 17 de marzo de 1948, puede tomarse además como la fecha de inicio de la llamada Guerra Fría.*

La OTAN fue creada como organización militar como resultado de las negociaciones entre los países firmantes del Tratado de Bruselas de 1948 (Bélgica, Francia, Luxemburgo, Países Bajos y Reino Unido), Estados Unidos, Canadá y otros países europeos. Tuvo por objetivo organizarse militarmente, ante la amenaza que representaba para el capitalismo occidental el expansionismo de la Rusia Soviética luego de la Segunda Guerra Mundial. Aquella, a su vez, organizó el llamado Pacto de Varsovia, pero recién en 1955.

En 1948, el surgimiento de regímenes comunistas en diversos países de Europa Central y Oriental por influencia de la Unión Soviética resultaba un factor de presión sobre los gobiernos de Europa Occidental y Estados Unidos, que vieron difícil dejar solamente en manos de las Naciones Unidas la seguridad del régimen capitalista. Los ataques a países como Noruega, Grecia, Turquía y Checoslovaquia marcaron la cima de la tensión que se vivía entre Europa Occidental y Oriental. A esto se sumó el Bloqueo de Berlín por parte del Ejército Rojo, que ponía en jaque aún más a las naciones que habían participado de la Segunda Guerra, como Francia y el Reino Unido.

La primera alianza creada por los países occidentales en respuesta a las aparentes intenciones expansionistas de la Rusia Soviética, germen de lo que luego sería la OTAN, fue la Alianza Atlántica, establecida en las bases del Tratado de Bruselas en marzo de 1948. De colaboración económica, social y cultural y, esencialmente, de defensa mutua (ayuda en caso de que alguno de sus miembros se viera agredido en territorio europeo), este tratado surge en el contexto del tratado de Dunkerque de 1947, que tenía por objetivo instituir un sistema de asistencia mutua en caso de agresión militar en Europa.

La Alianza Atlántica fue ampliada luego ante la creciente expansión socialista: se realizaron negociaciones entre Estados Unidos, Canadá y la Alianza Atlántica, de las que también participaron otros países, europeos y no europeos. Estas negociaciones giraron en torno de la creación de una alianza militar que tuviese una base en el artículo 51 de la Carta de las Naciones Unidas, es decir una organización regional de seguridad colectiva no dirigida contra nadie en especial. El resultado fue la firma del Tratado de Washington, el 4 de abril de 1949, mediante el cual se establecían las bases de la creación de la Organización del Tratado del Atlántico Norte.

La participación de Estados Unidos en la OTAN tuvo sus vaivenes: era Europa la que más interés tenía en la firma de este tratado, con la intención de que el país americano, que había salido menos diezmado de la Segunda Guerra, protegiera a países como Francia y el Reino Unido de la amenaza que suponía la expansión soviética. Pero Estados Unidos tenía sus renuencias respecto de su incorporación a la OTAN, puesto que su constitución prohíbe realizar alianzas militares en tiempos de paz. Con el llamado Golpe de Praga, el 12 de marzo de 1948, Europa insistió a Estados Unidos para la firma del tratado, a lo cual este último accedió luego de que el Congreso norteamericano votara una resolución mediante la cual se daba luz verde a la incorporación a la Alianza. De este modo nació la OTAN, organización que, sin pegar un tiro, mantuvo sólo latente el peligro soviético y permitió de ese modo que Europa Occidental y Estados Unidos ganaran la Guerra Fría.

Guerra Fría

La Guerra Fría fue esencialmente un conflicto ideológico-político entre la Unión Soviética, de régimen comunista, y Estados Unidos, una democracia capitalista. Se la denomina con ese nombre porque no hubo entre las dos potencias ningún enfrentamiento armado en forma directa, aunque hubo momentos álgidos como el de la llamada «crisis de los misiles», con las armas soviéticas de largo alcance emplazadas en Cuba. Ambas naciones se embarcaron en una carrera armamentística y espacial que resultaba una forma de amenaza hacia la otra.

109

Nace la República Popular China

Año: 1949.
Lugar: Pekín, China.
En síntesis: la proclamación de la República Popular China, puso fin a arduos conflictos internos, de carácter ideológico y militar, e inscribió al país en un peculiar régimen comunista.

Luego de varias décadas de guerra civil, cuando los nacionalistas del Kuomingtang solamente controlaban algunas ciudades del sur del país, el líder del Partido Comunista, Mao Zedong, tomó control de la parte continental de China y proclamó el comienzo de la nueva República Popular desde la ciudad de Pekín. Algunos meses más tarde, el líder nacionalista Chiang Kai-shek abandonó la última ciudad del continente que quedaba en poder de su facción, que se refugiaría entonces en la isla de Taiwan.

La guerra civil china que siguió a la finalización de la Segunda Guerra Mundial, llamada por los comunistas Guerra de Liberación y producida entre los nacionalistas del Kuomintang o la República de China y el Partido Comunista Chino, tuvo lugar luego de un intento de coalición gubernamental procurada por estos últimos, con el objetivo de enfrentarse conjuntamente a los invasores japoneses.

Esta guerra interna se desarrolló básicamente en dos zonas del país: Manchuria, que ya había sido protagonista de varios conflictos, y el área del río Huai. El Kuomintang perdió Manchuria cuando 30.000 de sus soldados se rindieron ante el Ejército Popular de Liberación, fuerza armada de los comunistas, en la ciudad de Mukden. Hacia fines de 1948 el Kuomintang contaba más de 500.000 bajas, muchas de ellas por deserción, y el Ejército Popular de Liberación se movió hacia el sur del Yangzi.

Luego, en enero de 1949, el puerto de Tientsin y la ciudad Beijing (Pekín), a la cual se le devolvió su nombre original y fue tomada sin ejercer violencia, fueron ocupados por el Ejército Popular de Liberación. Al mismo tiempo, al sur del país los comunistas vencían también al nacionalismo y seguían avanzando. Luego de las tomas de Nankín, en abril de 1949, y de Shanghái en mayo del mismo año, la resistencia del Kuomintang se desdibujó. Para octubre, entonces, con la ocupación de Cantón, los enfrentamientos más violentos de la guerra civil terminaron con el Partido Comunista al control de todo el territorio continental, con la excepción del Tíbet.

El gobierno asumió entonces la tarea de emprender una reconstrucción social, económica, política y cultural del país. Durante la Conferencia Consultiva Política Popular, realizada antes de la proclamación de la República Popular, se había ya establecido la estructura que habría de tener el nuevo Estado y los principales objetivos inmediatos, además de que se había también resuelto cambiar la bandera del país. Mao Zedong fue el presidente del Consejo de ministros. El nuevo Estado quedaba bajo el control total del Partido Comunista a través de sus organizaciones regionales, coordinadas por un Comité Central que en aquel momento contaba con 44 miembros.

Mao Zedong, al frente de la República Popular, puso en funcionamiento los preceptos y las ideas planteadas por el marxismo leninista, aunque aplicando también los matices necesarios basados en las características de la sociedad china. A diferencia de la visión en la Unión Soviética, donde los campesinos eran considerados una clase poco movilizada, el comunismo de Mao otorgó un papel central a este sector en el desarrollo de la revolución. Las características propias de la vía china al comunismo también dividieron aguas en los militantes de todo el mundo. En distantes latitudes se discutía sobre la pertinencia de seguir el modelo chino o el soviético según cada sociedad a transformar.

> *La bandera*
> En la Conferencia Consultiva Política Popular se resolvió crear una nueva bandera: el nuevo estandarte escogido, tal como el que le conocemos hoy a China, es rojo con una gran estrella amarilla que representa al Partido Comunista, alrededor de la cual hay otras cuatros estrellas más pequeñas que simbolizan la unión de las cuatro clases sociales: campesinos, trabajadores, pequeña burguesía y gran burguesía urbana. Con el tiempo, el régimen viraría hacia una versión en cierto modo mixta de la economía, con algunos rasgos de capitalismo.

111

La guerra de Corea

Años: 1950-1953.
Lugar: Península de Corea.
En síntesis: a cinco años de finalizada la Segunda Guerra Mundial, la contienda entre las Coreas fue el primer conflicto armado de la Guerra Fría, e implicó a otras naciones.

Se trató de un enfrentamiento entre Corea del Sur, apoyada por la ONU, y Corea del Norte, apoyada militarmente por la República Popular China y la Unión de Repúblicas Socialistas Soviéticas. La península de Corea, que había sido ocupada por Japón desde 1910, fue dividida luego de la rendición de éste por un acuerdo firmado por los países Aliados, victoriosos en la Segunda Guerra Mundial, quedando una parte ocupada por tropas soviéticas y otra por estadounidenses, que fueron también partícipes del conflicto.

Luego de la partición, a través del paralelo 38°, que dividía la península de Corea, se produjo en 1948 un fracaso en las elecciones libres que se llevaron a cabo en todo el territorio peninsular. El estallido de la Guerra Fría incidió en la partición de la península, ya dividida, en dos estados bien diferenciados: Corea del Norte, donde en 1948 se estableció la República Democrática Popular de Corea, es decir un régimen comunista dirigido por Kim Il Sung, en línea con las tropas soviéticas que habían venido ocupando el territorio desde el fin de la Segunda Guerra Mundial; y por otro lado, la República de Corea en el Sur, donde ese mismo año, Syngman Rhee estableció una férrea dictadura pronorteamericana. La división geográfica antes trazada por terceros se convirtió cada vez más en un límite político adoptado por los propios coreanos.

A pesar de los acuerdos internacionales, ni las dos grandes potencias ni la ONU consiguieron la unificación de las Coreas. Si bien durante los meses previos a la guerra hubo una serie de negociaciones tendientes a volver a intentar la unión de las dos naciones, la frontera se volvió una y otra vez frente de pequeñas batallas e incursiones menores que de a poco fueron recrudeciendo. El 25 de junio de 1950, la escalada de tensión y la provocación en los límites devino en una declaración de guerra: el Norte rompió el límite dispuesto e invadió al Sur. Contrariamente a lo que se afirmó en la época, aparentemente el ataque del Norte al Sur se realizó sin el conocimiento de la Unión Soviética ni de la República Popular China, que entraron a actuar en el conflicto un poco más adelante.

Los Estados Unidos acudieron entonces en ayuda de Corea del Sur, que así y todo fue replegada hacia un área muy pequeña en el extremo sur de la península.

Una contraofensiva de la Organización de las Naciones Unidas envió nuevamente a los septentrionales más allá del paralelo 38° que originalmente marcaba el límite.

En ese momento entró a participar del combate la joven República Popular China (en la que los comunistas tenían el control del Estado desde el 1 de octubre de 1949) del lado de los norteños, quienes emprendieron, con la ayuda del material militar provisto por la Unión Soviética, un ataque que puso en jaque nuevamente al sur y sus aliados.

Arte y guerra
En 1951, el artista Pablo Picasso pintó la obra «Masacre en Corea», en la que representaba los episodios de violencia cometidos contra los civiles durante la guerra ocurrida en la península, especialmente la matanza llevada a cabo por fuerzas estadounidenses en Shinchun. En Corea del Sur, dado que la pintura fue considerada antinorteamericana, constituyó durante mucho tiempo un tabú, y fue exhibida públicamente recién en 1990.

113

Luego de una larga serie de ataques y contraofensivas de ambos lados, en 1953 se firmó un armisticio para terminar la guerra. El acuerdo de paz volvía la frontera al original paralelo 38° y creaba la llamada «Zona desmilitarizada de Corea», una franja de 4 kilómetros de ancho del lado de cada uno de los países. La permanencia del régimen comunista norcoreano ha hecho que esta "frontera de la Guerra Fría" haya sido la única que pervivió hasta el siglo XXI. La democracia capitalista y el régimen liberal se mostraron triunfantes en general, pero las crisis recientes han hecho meditar una vez más acerca de su carácter de "panacea" universal.

Muerte de Stalin

Año: *1953.*
Lugar: *Moscú, Rusia.*
En síntesis: *el hombre fuerte de la Unión Soviética falleció el 5 de marzo de 1953, a causa de una hemorragia cerebral, luego de sufrir una parálisis en la parte derecha del cuerpo.*

Oficialmente, Josef Stalin murió a los setenta y cuatro años de edad tras varios días de agonía. La hemorragia cerebral sería consecuencia de su hipertensión, que había sido diagnosticada por su médico personal y subestimada por el líder. Sin embargo, aún se discute la causa de su fallecimiento. Varias versiones sostienen que algunos de sus colaboradores habrían sido responsables de su deceso, por no haberle ofrecido asistencia médica a tiempo o por envenenamiento. Enemigos no le faltaban.

A partir de 1950, la salud de Stalin empezó a desmejorar. Su memoria fallaba y su estado general era crítico. Su médico, Vladímir Vinográdov, le diagnosticó una hipertensión aguda y propuso un tratamiento a base de pastillas o inyecciones. Además, le sugirió la reducción de sus tareas en el gobierno. En respuesta Stalin despidió a Vinográdov e ignoró cualquier tipo de tratamiento. El líder era para entonces un trozo vivo de historia. Había estado entre los bolcheviques iniciadores de la Revolución de Octubre en 1917; había sido el permanente Secretario General del Comité Central del Partido Comunista de la Unión Soviética desde 1922; había liderado purgas y cometido crímenes entre sus pares; había comandado la participación de la URSS en la Segunda Guerra Mundial y manejado los destinos de millones de personas, desde los días de hambrunas hasta la explosión industrial y tecnológica que hizo de ese conglomerado de repúblicas una de las dos grandes potencias mundiales. La versión oficial de su muerte relata que el 1 de Marzo de 1953, Stalin se encontraba en su pequeña casa de campo cenando con el ministro de asuntos interiores

Lavrentiy Beria y los futuros primeros ministros Georgy Malenkov, Nikolai Bulganin y Nikita Khrushchev.

La segunda versión, defendida por diferentes historiadores, indica que esta reunión no tuvo nada de amistoso, ya que también habían asistido Lázar Kaganóvich y Voroshílov. Aparentemente estos últimos habrían discutido con Stalin, que habría abandonado la reunión para encerrarse en su dormitorio, fuera de sí.

En cualquiera de los casos, al día siguiente Stalin no salió de su habitación ni llamó a nadie. Aunque a su guardia personal le pareció extraño, habían recibido órdenes de Beria indicando que Stalin no debía ser molestado. Un empleado de la guardia entró finalmente sobre las diez de la noche y encontró a Stalin tendido en el suelo. Beria fue informado y llegó unas horas después, pero los médicos lo asistieron recién en la mañana del 2 de Marzo.

El historiador ruso Naúmov o Jonathan Brent (catedrático de Historia en Yale) afirman que Stalin fue envenenado por Beria, quien a poco de su muerte habría dicho ser el culpable. Sin embargo, esto nunca fue demostrado. En 2003, un grupo de historiadores rusos y americanos propuso la teoría de que Stalin habría ingerido warfarina, poderoso veneno que inhibe la coagulación de la sangre y predispone a la víctima a una apoplejía. Pero la causa oficial de la muerte no ha logrado ser refutada con seriedad.

Su cuerpo fue embalsamado y colocado inicialmente en el Mausoleo de Lenin. En 1961 la URSS decidió que, teniendo en cuenta las infracciones de Stalin a los preceptos leninistas, el cuerpo debía ser trasladado. El 1 de Noviembre de 1961 fue enterrado en una tumba sobre la que tiempo después se levantó un monumento.

El funeral
El 9 de Marzo de 1953 se celebró el funeral de Stalin, al que asistió una multitud de admiradores, secretos opositores o simples subordinados al Partido. Todos eran conscientes de que con Stalin concluía una época. Nunca en la historia contemporánea la muerte de un hombre tuvo tanta trascendencia. Tal fue la cantidad de personas que se agolparon en las calles de Moscú para llegar a la cripta de la Plaza Roja y ver su cuerpo embalsamado, que hubo unos cuatrocientos muertos, víctimas de aplastamiento.

115

Francia pierde Indochina

Año: 1954.
Lugar: Dien Bien Phu, Vietnam.
En síntesis: fue la última batalla de la guerra de la independencia de Vietnam. La victoria del Vietminh dio pie a un acuerdo y terminó con el colonialismo francés en la región.

Las tropas —regulares e irregulares— del Vietminh, dirigidas por Ho Chi Minh y Nguyen Giap, cercaron una base francesa defendida por unos 15.000 soldados coloniales y se lanzaron a la que fue la batalla más significativa de la guerra de la independencia vietnamita. El Vietminh realizó una hazaña logística impensable con la que logró movilizar y a una gran cantidad de tropas destinadas al combate y sorprender a los franceses, que ya no retornarían a Indochina.

Las fuerzas coloniales francesas se desplegaron en la base de Dien Bien Phu, situada en un punto que dominaba todas las carreteras de la región, con el fin de cortar las comunicaciones que los vietnamitas tenían con Laos y obligarlos a movilizarse a través de terreno montañoso. La base contaba, también, con una pista de aterrizaje para agilizar el transporte de tropas entre las diversas regiones de Indochina. Estaba localizada en un valle rodeado de montañas, lo cual era una debilidad, pero los franceses pensaban que el Vietminh no tenía posibilidades de trasladar armamento pesado a través de un terreno tan complicado como para amenazar la base. En todo caso, los vietnamitas tendrían que realizar un ataque frontal y eso era, justamente, lo que el Vietminh trataba de evitar.

A fines de noviembre de 1953 llegaron a Dien Bien Phu 9.000 paracaidistas que construyeron cuatro fortificaciones separadas alrededor del poblado y dos aeropuertos. A comienzos de 1954, la base contaba con 13.000 hombres, más artillería y tanques de apoyo.

Por su parte, el general Giap movilizó sus divisiones, unos 50.000 hombres entre fuerzas regulares del Ejército Vietminh y tropas irregulares con objeto de rodear la base. Pero también llevó adelante una operación asombrosa. Logró trasladar a la zona de combate toda su artillería pesada sin que lo notaran los franceses. Al no disponer de carreteras seguras, el armamento pesado fue trasladado pieza por pieza por *coolies* o peones que los cargaron, a mano o en bicicleta, a través de senderos montañosos y terreno accidentado.

El 13 de marzo, para sorpresa de los franceses, se desató un violento bombardeo artillero sobre dos de las fortificaciones, denominadas Gabrielle y Beatrice. Debido al camuflaje de la artillería vietnamita los colonialistas no pudieron realizar fuego de contrabatería, les resultaba imposible localizar las posiciones desde donde les disparaban. Ambas fortificaciones resistieron varias oleadas de ataques de infantería, pero finalmente cayeron.

El siguiente objetivo de las tropas de liberación fueron los aeropuertos ya que era necesario evitar o, al menos, dificultar todo lo posible la llegada de refuerzos y suministros. Se construyeron trincheras para que los ataques de la infantería fueran menos sangrientos. Tras cinco días de combate, el 23 de marzo cayó uno de los aeropuertos y poco después el otro. Los colonialistas se vieron obligados a lanzar en paracaídas los suministros, con la consiguiente pérdida de material en manos enemigas. Comenzó, entonces, una guerra de desgaste que tuvo fin en el ataque decisivo realizado entre el 6 y el 7 de mayo, cuando cayeron las fortificaciones que quedaban aún en pie. Las fuerzas colonialistas perdieron 2.300 hombres y tuvieron más de 5.000 heridos. La victoria para los vietnamitas tuvo un costo aún mayor: 8.000 muertos y más de 15.000 heridos.

> **El Vietminh**
> La Liga para la independencia del Vietnam (Vietminh) llegó a contar con 300.000 milicianos y cerca de 80.000 combatientes regulares. Hombres, mujeres y niños le hacían de apoyo, como en la gesta del transporte de artillería pieza por pieza. Tras la victoria en la guerra de liberación contra Francia, el Vietminh se disolvió, pero fue la base constitutiva del Frente Nacional de Liberación, fundado en 1960, que luchó contra la invasión norteamericana.

Argelia en lucha

Años: 1954-1962.
Lugar: Argelia.
En síntesis: en esta guerra de independencia se enfrentaron el Frente Nacional de Liberación de Argelia (FLN) contra los colonos franceses y su metrópoli.

Dentro del proceso de liberación de las colonias francesas, el de Argelia es, quizás, el caso más célebre, y se caracterizó por una lucha sangrienta. La represión ejercida por el ejército colonial y los ataques de la organización terrorista de los colonos franceses provocaron en la población nativa innumerables victimas, y fueron ejemplo para el terrorismo estatal ejercido sobre los pueblos que lucharon por su liberación, especialmente en Latinoamérica, en los años siguientes.

Argelia había sido ocupada por Francia en 1830, en el marco de la colonización europea del continente africano. A diferencia de otras regiones, la presencia de colonos europeos en era allí importante, y éstos se hicieron de un gran poder económico y una influencia decisiva en la política de la metrópoli. La discriminación de los nativos, no sólo racial y política, se hacía evidente en la distribución económica, que enfrentaba la opulencia de los colonos franceses con la miseria que reinaba en los barrios populares de los argelinos.

En marzo de 1954, Ahmed Ben Bella, un antiguo sargento del Ejército francés, se unió a otros ocho argelinos exiliados en Egipto para formar un comité revolucionario que más tarde se denominó Frente de Liberación Nacional (FLN). En noviembre comenzó su ofensiva con ataques a puestos de policía y militares, instalaciones de comunicación y edificios públicos. Durante los dos años siguientes, el Frente de Liberación experimentó un crecimiento constante. El incremento de su accionar en todo el país llevó a los franceses a aumentar su presencia militar, que llegó a contar con

500.000 efectivos. A pesar de ello, la actuación de las guerrillas era cada vez más importante.

Como respuesta, los ricos y poderosos *pieds noirs*, como se conocía a los colonos, crearon una organización terrorista, la OAS (*Organization de l'Armée Secrète*), de la que formaban parte varios generales y efectivos del ejército francés. Los terroristas no sólo se encargaron del asesinato de figuras relevantes para la liberación de Argelia, sino que también atacaban pueblos en el interior del país y asesinaban a sus habitantes. En la medida que se profundizaba su desacuerdo con la política de la metrópoli, no dudaron en atacar instituciones de la propia Francia.

En 1957 recrudeció el conflicto y la guerra llegó a las ciudades. La célebre «batalla de Argel» fue el sangriento enfrentamiento que tuvo lugar en la capital. La tortura y la ejecución sumaria de sospechosos constituyeron el accionar habitual de las fuerzas coloniales, en especial de los paracaidistas del general Massu. Ante la inestabilidad política generada en la metrópoli por la situación argelina, en 1958, fue nombrado primer ministro el general De Gaulle, cuya vuelta al poder era vista con buenos ojos por los *pieds noirs*. Las reformas emprendidas por el viejo general fueron el inicio de un proceso que desembocaría en la independencia del país norafricano. En mayo de 1961, comenzaron las negociaciones con las fuerzas de liberación, bajo una dura campaña de terror de la OAS. El 18 de marzo de 1962 se firmaron los Acuerdos de Evian. A pesar del crecimiento del accionar de los terroristas, en julio se realizó un referéndum en el que obtuvieron la victoria las posiciones independentistas. Argelia, como país independiente, entró en la ONU en octubre de 1962. Los instructores de la OAS tuvieron trabajo en diversas partes del mundo, sobre todo en América Latina, donde prestaron su servicio a varias dictaduras.

La OAS
Esta organización terrorista desarrolló sus actividades en Argelia y Francia; su objetivo fundamental era la lucha contra el pueblo argelino y el Frente de Liberación Nacional. Oficialmente, fue fundada en España por los generales Pierre Lagaillarde y Raoul Salan, junto con otros oficiales y miembros del ejército francés. El punto culminante de su campaña de terror contra la libertad de Argelia fue el intento de asesinato del general De Gaulle. en 1962.

119

La Revolución Cubana

Año: 1959.
Lugar: Cuba.
En síntesis: fue la primera revolución socialista en América, y llevó al establecimiento del primer estado socialista en Cuba. Desencadenó aires de renovación en toda Latinoamérica.

De visos épicos y protagonizada por jóvenes guerrilleros en la sierra y gente del pueblo en las calles, la Revolución Cubana es un hecho histórico que no sólo marcó a Cuba, sino a América y al mundo. Fue la primera y la más exitosa de varias revoluciones de izquierda que sucedieron y continúan sucediendo en diversos países del subcontinente. Cuestionado en parte, el régimen resultante se ha mantenido el gobierno a pesar de boicots, adversidades y de la caída del bloque socialista.

El nuevo orden surgido después de la Segunda Guerra Mundial se caracterizó por un esquema bipolar. Los Estados Unidos y la Unión Soviética lideraron sendos bloques y extendieron su poderío a otras áreas. Latinoamérica quedó bajo la influencia de los Estados Unidos y de su intervencionismo militar, económico, diplomático y político. No sólo la vida política de Cuba estuvo marcada por esta relación, sino también su economía. Cuba dependía de las exportaciones de azúcar, pero su producción y comercialización estaba controlada por empresas estadounidenses. Como en otros países latinoamericanos, existían, además, grandes latifundios.

A partir de 1944 y por primera vez, la mayoría de la población pudo participar en elecciones. Sin embargo, los gobiernos electos continuaron bajo la influencia de Estados Unidos. En los primeros años de la década de 1950 se incrementaron las acusaciones de corrupción y ante las movilizaciones de protesta, un sector del ejército apoyado por compañías norteamericanas y empresarios cubanos dio un golpe de estado. El nuevo dictador fue Fulgencio Batista, y su régimen se sostuvo mediante una violenta represión.

En poco tiempo comenzó la resistencia, que amalgamaba la lucha contra las injusticias y desigualdades del orden social con los planteos de independencia económica y autonomía política.

El 26 de julio de 1953, un centenar de jóvenes liderados por Fidel Castro, político opositor al régimen de Batista, intentó tomar el cuartel Moncada, la segunda base militar del país. El asalto fracasó y Fidel Castro fue condenado a prisión. Fue indultado debido a la presión de la opinión pública y se exilió en México. Desde allí formó el Movimiento 26 de Julio y organizó en 1956 una expedición para ingresar clandestinamente en Cuba. A bordo del barco *Granma*, desembarcaron en las playas de la Isla y se establecieron en Sierra Maestra, donde crearon un foco guerrillero. A los miembros originales se les fueron sumando cada vez más jóvenes, que eran adiestrados y conducidos por líderes como Camilo Cienfuegos y el argentino Ernesto *Che* Guevara.

Durante los primeros meses de 1958, los guerrilleros intentaron, sin éxito, organizar una huelga general. A partir de este fracaso, fortalecieron las guerrillas rurales para resistir la ofensiva del ejército de Batista y para invadir

Ejército de letras
La Campaña Nacional de Alfabetización en Cuba fue impulsada por el gobierno para reducir el analfabetismo e incrementar el acceso a la escuela. Comenzó a prepararse en 1960 y finalizó oficialmente el 22 de diciembre de 1961, cuando el Gobierno declaró a Cuba, en la Plaza de la Revolución José Martí, como «Territorio Libre de Analfabetismo». Éste se redujo, en realidad, desde más del 20% en 1958 al 3,9% en 1961. Desde entonces el 22 de diciembre se celebra en el país como el Día Nacional del Educador.

121

los llanos, tomar las provincias centrales y derrocar a la dictadura. En pocos meses fueron conquistando estos objetivos y con el apoyo de la mayoría de la población, en enero de 1959 tomaron La Habana, capital de Cuba. La lucha antidictatorial y por el retorno de la democracia pronto se transformó en una verdadera revolución social. Fidel Castro lideró en 1961 la adscripción de Cuba al marxismo y estableció el primer Estado socialista de América. El bloqueo económico decretado por los Estados Unidos, las dificultades para salir del monocultivo (el azúcar), las disidencias internas y la caída de la Unión Soviética serían desafíos a afrontar en el futuro.

La crisis de los misiles

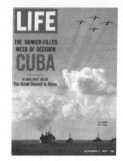

Año: 1962.
Lugar: Cuba.
En síntesis: si en algún momento se pensó que la Guerra Fría pasaría a otro plano, fue entre el 14 y el 28 de octubre de 1962. Se dice que la Tercera Guerra Mundial estuvo entonces a un paso.

A raíz del descubrimiento por parte de Estados Unidos de bases de misiles nucleares de la Unión Soviética en territorio cubano, la potencia capitalista resolvió tomar una medida de mucha dureza: estableció una cuarentena defensiva mediante la cual bloqueó a la isla, al desplegar unidades navales y aviones de combate alrededor de ella. De intentar los soviéticos romper con el bloqueo, se produciría un enfrentamiento. No pocos anunciaban una conflagración que podría acarrear la hecatombe nuclear.

Desde el momento de su independencia de la corona española en 1898, Cuba había sido un país estrechamente ligado a los intereses estadounidenses. A partir de la revolución del 59, comandada por Fidel Castro, en cambio, la isla comenzó a tomar una orientación claramente nacionalista, con medidas que eran contrarias a los intereses norteamericanos. La reacción de Washington fue inmediata: rompió relaciones con Cuba en 1961, le impuso un bloqueo económico, la excluyó de la OEA (Organización de Estados Americanos) y organizó, mediante operaciones secretas de la CIA, una fallida invasión de emigrados anticastristas en Bahía de Cochinos, o Playa Girón, en abril de 1961. En ese contexto, el régimen de Fidel Castro viró hacia el alineamiento con el bloque soviético.

En octubre de 1962, aviones espías norteamericanos descubrieron que en la isla había tropas soviéticas, y que se estaban construyendo rampas para misiles. El 22 de octubre, el presidente estadounidense John F. Kennedy se dirigió a la Nación con un mensaje televisado de 17 minutos en el que anunció las medidas a tomar. Con el apoyo de sus aliados, resolvió bloquear a Cuba con un despliegue militar de gran escala, tanto por aire como por mar. La respuesta de Nikita Kruschev, al mando de la Unión Soviética, no se hizo esperar: «La URSS ve el bloqueo como una agresión y no instruirá a los barcos para que se desvíen».

De esta forma, se creó una situación de tensión que estuvo muy cerca de convertirse en una confrontación nuclear. Pero en las primeras horas de la mañana siguiente a las declaraciones, los buques soviéticos disminuyeron la velocidad, con el fin de evitar un conflicto mayor. Tras negociaciones realizadas en forma secreta, de las que Fidel Castro fue excluido, Kruschev lanzó una propuesta que finalmente fue aceptada por Kennedy: la URSS retiraría sus misiles de Cuba a cambio del compromiso norteamericano de no invadir la isla y de la retirada de los misiles Júpiter que Estados Unidos tenía desplegados en Turquía.

De ese modo, el mes siguiente la URSS desmontó y repatrió su material bélico ofensivo y EE. UU. levantó el bloqueo naval. El desmantelamiento de los misiles de Turquía no fue público hasta que se llevó a cabo, seis meses después. De este modo se puso fin a la crisis sin que ninguna de las partes diera muestras de debilidad ni de derrota. Se volvió a evitar el conflicto directo, dejando como escenarios bélicos las batallas en terceros países, como en el caso de las Guerras de Vietnam y de Corea. A partir de este acontecimiento se creó el famoso «Teléfono Rojo», una línea que comunicaba directamente a la Casa Blanca con el Kremlin, con el objetivo de volver más ágiles las comunicaciones en momentos de crisis. Quedaba claro que el diálogo se establecía entre cúpulas. Los otros países afectados eran objeto de sus políticas, pero no tenían ni voz ni voto.

Palabras del *Che*

«Es el ejemplo escalofriante de un pueblo que está dispuesto a inmolarse atómicamente para que sus cenizas sirvan de cimiento a sociedades nuevas, y que cuando se hace, sin consultarlo, un pacto por el cual se retiran los cohetes atómicos, no suspira de alivio, no da gracias por la tregua; salta a la palestra para dar su voz propia y única, su posición combatiente, propia y única, y más lejos, su decisión de lucha aunque fuera solo». La no consulta con la isla por parte de la URSS había herido a los cubanos.

123

Asesinato de J. F. Kennedy

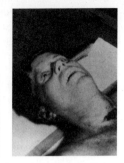

Año: *1963.*
Lugar: *Texas, Estados Unidos.*
En síntesis: *fue el cuarto presidente de EE. UU. asesinado (luego de Abraham Lincoln, James Abram Garfield y William McKinley), y el octavo que murió en ejercicio de sus funciones.*

John Fitzgerald Kennedy, el trigésimo quinto Presidente de los Estados Unidos, fue mortalmente herido mientras circulaba en su coche presidencial descubierto, en la Plaza Dealey, en Dallas, el 22 de noviembre de 1963. Tres investigaciones oficiales concluyeron que Lee Harvey Oswald, un empleado del Almacén de Libros Escolares fue el asesino. Se sostuvo que actuó solo y también que contó con el apoyo de otra persona. El asesinato todavía está sujeto a especulaciones y originó un gran número de teorías conspirativas.

A las 11.40, el *Air Force One* aterrizó en el aeropuerto de Dallas después de un corto vuelo realizado desde Fort Worth, y la comitiva presidencial se puso en marcha hacia el centro de la ciudad. Durante el trayecto realizó varias paradas para que el presidente saludara a la gente. A las 12.30 entró en la Plaza Dealey y avanzó por la calle Houston con seis minutos de retraso. En la esquina de Houston Street con Elm Street, la comitiva realizó un giro de 120° a la izquierda, lo que obligó a la reducción de la velocidad de la limusina descubierta. Tras pasar Elm Street quedó frente al edificio del Almacén de Libros Escolares de Texas, a una distancia de sólo 20 metros.

Al pasar el almacén sonó el primer disparo de tres que supuestamente hizo Lee Harvey Oswald. Se calcula que en ese momento la comitiva iba a una velocidad de 15 km/h. La Comisión Warren concluyó posteriormente que el primero de los tres disparos no impactó en el coche. Casi todos están de acuerdo en que Kennedy recibió dos disparos y que el último impactó en su cabeza y fue mortal.

El primer disparo fue desviado por un árbol, rebotó en el cemento e hirió al testigo James Tague. Sólo 3,5 segundos después se produjo el segundo disparo que le llegó a Kennedy por detrás y salió por su garganta, hiriendo también al gobernador de Texas, John Connally. El presidente dejó de saludar al público y su esposa tiró de él para recostarlo sobre el asiento. El tercer disparo ocurrió 8,4 segundos después del primero, justo cuando el auto pasó al frente de la pérgola de hormigón.

Un ciudadano de nombre Abraham Zapruder, que filmaba la comitiva presidencial, logró captar el momento en que Kennedy era impactado. Esa película fue parte del material que la Comisión Warren utilizó en su investigación del asesinato. Según dicha comisión, Lee Harvey Oswald habría usado un rifle *Mannlicher* de fabricación italiana, con mira telescópica de mecanismo manual. La primera investigación oficial del asesinato fue establecida por el presidente Lyndon B. Johnson el 29 de noviembre de 1963, una semana después del asesinato. Fue presidida por Earl Warren, jefe de la Corte Suprema de los Estados Unidos, y es esta la conocida universalmente (pero no oficialmente) como la Comisión Warren. El informe final de la comisión fue publicado en septiembre de 1964, después de diez meses de investigación. El informe concluyó que no podía encontrar evidencias persuasivas de una conspiración interna o exterior que implicara a otras personas, grupos o países, y que Lee Harvey Oswald actuó solo.

La filmación

Abraham Zapruder era muy aficionado a las películas domésticas. El 22 de noviembre se encontraba entre la multitud dispuesto a filmar la comitiva presidencial con su nueva cámara de 8 mm. Su secretaria, Marilyn Sitzman, le ayudó a encaramarse a uno de los pedestales laterales de la pérgola existente en el lugar. Desde esta privilegiada posición Zapruder grabó el que es sin duda el documento gráfico más importante de todos los tomados sobre el atentado, y uno de los más importantes del siglo XX.

125

Oswald fue detenido a las pocas horas del atentado, y asesinado dos días después por Jack Ruby, cuando iba a ser trasladado de prisión. Todo el mundo espera que algún día se difunda la verdad oculta en una maraña de intereses entre los cuales se menciona a la industria bélica, a la mafia, a la CIA.

El asesinato del Che

Año: *1967.*
Lugar: *Bolivia.*
En síntesis: *Ernesto Guevara, uno de los íconos del siglo XX, cayó en Bolivia en 1967. Se hallaba luchando con muy pocos hombres, y sin el apoyo del Partido Comunista boliviano.*

Los cubanos lo apodaron *Che* por el uso de ese modismo, un vocativo popular en el lenguaje de Uruguay y Argentina, país donde había nacido Ernesto Guevara Lynch de la Serna. En los dos años de la guerra de liberación en Cuba, se había convertido en uno de los líderes de la revolución; ocupó altas responsabilidades durante la guerra y después del triunfo. Era venerado en Cuba, pero en 1965 salió de La Habana para extender la revolución a otros países del llamado Tercer Mundo.

El *Che*, revolucionario, dirigente político, comandante guerrillero, intelectual y médico, nació en Rosario, Argentina, el 14 de junio de 1928. Viajó por América Latina en dos recorridos que influyeron decisivamente en su desarrollo y formación. En 1954, cuando estaba en Guatemala, presenció el derrocamiento del gobierno popular de Jacobo Arbenz por una invasión militar financiada por Estados Unidos. En Guatemala se vinculó con los revolucionarios cubanos exiliados después del ataque al cuartel Moncada. Viajó a México y allí volvió a contactarse con los moncadistas, conoció a Fidel Castro y se convirtió en uno de los expedicionarios que embarcarían hacia Cuba en el *Granma*, en 1956. Fue uno de los líderes de la Revolución Cubana. Su deseo era el de continuar la lucha por la liberación de América Latina o cualquier otra tierra del mundo. Por eso estuvo en el Congo en 1965 apoyando a los lumumbistas, y en 1966 encabezó la lucha guerrillera en Bolivia donde fue herido, capturado y ejecutado en 1967.

El 8 de octubre de ese año, en una quebrada de los Andes, en el sur de Bolivia, se oyó un nutrido fuego: Ernesto *Che* Guevara y sus guerrilleros se encontraban rodeados por el ejército boliviano. Poco menos de un año antes, Guevara y un grupo de elegidos «cuadros» viajaron clandestinamente de Cuba a Bolivia para iniciar una guerra de guerrillas y derrocar al gobierno militar de Barrientos. Guevara y unos cincuenta guerrilleros se internaron en las montañas. Pocos meses después el ejército boliviano los detectó y empezó una intensa persecución. Para eludirlo, Guevara dividió al grupo en dos, pero jamás pudo reagruparlo. Su diario indica que para fines de agosto, los guerrilleros de su equipo estaban fatigados, desmoralizados y que sólo eran veintidós. El 31 de agosto, el segundo grupo fue aniquilado al cruzar un río.

El 26 de septiembre, el ejército emboscó al resto de los guerrilleros cerca del poblado de La Higuera. Varios cayeron en combate y el *Che* quedó herido en una pierna. El 8 de octubre lo capturaron con otros dos combatientes y los llevaron a la escuela del pueblo. Al día siguiente llegó en helicóptero Félix Ramos, en su uniforme de oficial del ejército boliviano y se encargó de los prisioneros. Dos horas después, el *Che* y los dos combatientes fueron ejecutados. Se anunció oficialmente que el *Che* había muerto en combate. Su cadáver se expuso en el remoto pueblo y muchas personas acudieron a verlo. Después de ello, se deshicieron del cuerpo.

Las manos
El acta firmada en La Paz el sábado 14 de octubre de 1967 documenta la delicada misión de los peritos de la Policía Federal Argentina, Pellicari y Delgado. Y la realizada sobre la letra del *Diario del Che* en Bolivia por el perito Rolzhauzer. En el cuartel de Miraflores, La Paz, Bolivia, les entregaron un frasco con las supuestas manos del *Che*. Los peritos tomaron las huellas dactilares con un procedimiento no habitual, por la destrucción que presentaban las yemas de los dedos. Al cotejar las huellas no hubo dudas. Era el *Che*.

En 1997 su cadáver fue encontrado en Vallegrande por un equipo de científicos argentino-cubanos, en una fosa común, vestido y con las manos cortadas como prueba de la muerte. Los restos del revolucionario fueron repatriados a Cuba. Allí Fidel Castro enterró al *Che* con honores. Descansa en Santa Clara, en el Memorial de Ernesto Guevara que se halla en la Plaza de la Revolución.

Guerra de Yom Kippur

Año: 1973.
Lugar: Península del Sinaí y Altos del Golán.
En síntesis: el intento de Egipto y Siria por recuperar los territorios conquistados por Israel terminó en un rotundo fracaso. Y se volvió a las posiciones anteriores al conflicto.

La guerra del Yom Kippur fue el último enfrentamiento árabe-israelí a gran escala. Tras el fracaso de Egipto y Siria, sólo gracias a la presión internacional Israel se retiró de los nuevos territorios conquistados, aunque mantuvo los anteriores. Además de afianzar la expansión israelí en Medio Oriente, el conflicto tuvo una repercusión inusitada. Debido al apoyo de las potencias occidentales a Israel, los países árabes determinaron un embargo petrolero que provocó una importante crisis internacional.

La península de Sinaí, territorio egipcio, y los Altos del Golán, que pertenecen a Siria, fueron conquistados por Israel en la Guerra de los Seis Días, librada en junio de 1967. Los intentos diplomáticos realizados luego del conflicto para que se devolvieran los territorios fueron infructuosos, y la animosidad hacia el expansionismo israelí fue creciendo entre sus vecinos. La tensa relación estalló cuando, durante unas maniobras militares sirias en el Mediterráneo, Israel derribó 13 aviones de combate del país árabe. Desde Damasco se pidió a Egipto la puesta en marcha del ataque conjunto ya planeado para recuperar los territorios conquistados por los israelíes.

La ofensiva, que se desarrolló en dos frentes, comenzó el 6 de octubre de 1973. Los sirios atacaron las Alturas del Golán y los egipcios penetraron a través de la península del Sinaí.

En los Altos del Golán, el ataque se inició a las 14:00 con el ataque de aviones *Mig 17* y de artillería, contra los blindados y diversos cuarteles israelíes desplegados en la zona. Las fuerzas acorazadas sirias recuperaron territorios hasta el monte Hermón. Los israelíes, que perdieron 40 aviones en el intento de detener la ofensiva siria, retrocedieron y se reorganizaron para preparar la contraofensiva. Ésta se dirigió fundamentalmente a la zona norte del frente, que había sido la más débil del ataque sirio; en 48 horas, el ejército israelí hizo retroceder a los árabes a sus posiciones originales, luego de provocarles enormes pérdidas. El 11 de octubre, los dos frentes sirios se derrumbaron. Los israelíes penetraron en territorio enemigo y formaron una línea de combate a 40 km. de Damasco.

En el Sinaí, los egipcios cruzaron el Canal de Suez con unos 7.000 u 8.000 hombres y lograron repeler el intento de contraataque de los blindados israelíes, que sufrieron importantes bajas. El 11 de octubre, avanzaron hacia el interior de Sinaí. Esta penetración profunda no era lo más indicado para la situación, pero los egipcios se vieron obligados a realizarla para intentar aliviar la presión que sufrían sus aliados sirios en el otro frente. El ataque, encabezado por unos 500 tanques, fue detenido y los egipcios se replegaron luego de sufrir cuantiosas pérdidas. El 15 de octubre comenzó la contraofensiva israelí a cargo del general Ariel Sharón, que hizo retroceder a los egipcios y el día 18, Egipto era nuevamente invadido, luego de que el ejército de Israel cruzara el canal de Suez y dejara en una posición precaria al Tercer Ejército Egipcio.

El día 21, el Consejo de Seguridad de la ONU emitió una resolución de alto el fuego para iniciar negociaciones, pero Israel prosiguió con las maniobras para cercar al ejército egipcio. Sólo se detuvo cuando la Unión Soviética amenazó con el envío de su flota y paracaidistas. Frente a la escalada que implicaría esa intervención, Estados Unidos convenció a sus aliados israelíes para aceptar el alto el fuego.

Altos del Golán

En los primeros tiempos de la ocupación de los Altos del Golán, la mayoría de la población árabe de la zona se vio obligada a emigrar por temor a las políticas israelíes respecto de la población no judía en los territorios invadidos. Según la Resolución 242 del Consejo de Seguridad de la ONU, adoptada por unanimidad, se considera a los Altos del Golán como territorio ocupado. Aún hoy permanece en tal estatus, sin que Israel cumpla con sus obligaciones internacionales.

Asesinato de Martin Luther King

Año: 1968.
Lugar: Memphis, Estados Unidos.
En síntesis: ganador del Premio Nobel de la Paz, King creía en la eficacia de la resistencia no violenta contra la injusticia. «La vieja ley del 'ojo por ojo' deja a todo el mundo ciego», había dicho.

Hijo de un ministro bautista, Martin Luther King estudió teología en la Universidad de Boston. Desde joven tomó conciencia de la situación de segregación social y racial que vivían los negros de su país, y en especial los de los estados sureños. Convertido en pastor bautista, en 1954 se hizo cargo de una iglesia en la ciudad de Montgomery, Alabama. Y muy pronto dio muestras de su carisma y de su firme decisión de luchar por la defensa de los derechos civiles con métodos pacíficos.

130

El pastor bautista había nacido en Atlanta, el 15 de enero de 1929. Biznieto de esclavos del sur de Estados unidos, fue activista de los derechos civiles desde muy joven, y como tal organizó y desarrolló movimientos pacíficos en reclamos por el derecho al voto y la no discriminación. Se inspiró en la figura de Mahatma Gandhi y en la teoría de la desobediencia civil de Henry David Thoreau. Lideró el boicot de autobuses en Montgomery, en 1955; apoyó a la fundación de la *Southern Christian Leadership Conference*, en 1957, entidad de la que luego sería su primer presidente; y dirigió la Marcha sobre Washington por el Trabajo y la Libertad, en 1963. Allí pronunció su discurso «*I have a dream*» («Yo tengo un sueño»), gracias al cual se extendería por todo el país la conciencia pública sobre el movimiento de los derechos civiles, y él se consolidaría como uno de los más grandes oradores de la historia estadounidense.

Por esa actividad encaminada a terminar con el *apartheid* estadounidense y la discriminación racial a través de medios no violentos, fue distinguido con el Premio Nobel de la Paz en 1964. Cuatro años después, en una época en la que su labor se había orientado hacia la oposición a la guerra y la lucha contra la pobreza, sería asesinado en Memphis, Tennessee, cuando se preparaba para liderar una manifestación.

En efecto, a finales de marzo de 1968, King había partido a Memphis, para apoyar a los trabajadores negros de una empresa, quienes habían estado en huelga desde el 12 de marzo para lograr el aumento de sus sueldos y un trato igualitario. El 3 de abril, King regresó a Memphis. El avión en el que debía viajar se retrasó por amenazas de bombas en su contra. Esto provocó como reacción graves desórdenes e incendios, que se extendieron a otros estados. El día 5 de abril, Martin Luther King recibió un disparo de rifle automático, ejecutado por un francotirador mientras él saludaba a sus seguidores desde el balcón del motel Lorraine. Fue llevado al St. Joseph Hospital, pero su muerte era ya irremediable. Los disparos habían partido desde la ventana de una pensión vecina al Lorraine, y la bala letal atravesó su cuello, abajo, a la derecha.

Dicen que desde el balcón donde fue ultimado por un segregacionista blanco, había dirigido sus últimas palabras a un músico, Ben Branch. Éste se estaba alistando para actuar en una reunión a la que asistiría King. «Prepárate a tocar *Precious Lord, Take My Hand* [Señor, toma mi mano] -le habría dicho-. Y haz lo posible para que suene como nunca».

Cinco días después del asesinato, el presidente Johnson decretó un día de luto nacional; el primero en la historia de Estados Unidos en honor a un negro. Sus funerales contaron con alrededor de 300.000 personas. Y allí, Mahalia Jackson, excelsa cantante de gospel y amiga del líder, cantó *Precious Lord, Take My Hand*.

Sus palabras

Dueño de una gran elocuencia, King dedicó a la violencia frases como: «La violencia crea más problemas sociales que los que resuelve»; y a los prejuicios sociales otras como: «Hemos aprendido a volar como los pájaros, a nadar como los peces; pero no hemos aprendido el sencillo arte de vivir como hermanos». También reprobó a quienes se lavan las manos ante la injusticia: «Nuestra generación no se habrá lamentado tanto de los crímenes de los perversos, como del estremecedor silencio de los bondadosos».

131

Mayo en París

Año: 1968.
Lugar: Francia.
En síntesis: en el mes de mayo de 1968 tuvieron lugar la mayor revuelta estudiantil y la mayor huelga general de la historia de Francia. Fue un hito social, pero también cultural.

La década de 1960 evidenció cambios a nivel mundial que llevaron al cuestionamiento del sistema de dominación europeo y estadounidense sobre los territorios coloniales o recientemente independizados de África, Asia y América Latina. El triunfo de la Revolución Cubana, el auge de movimientos izquierdistas en Latinoamérica y la guerra de Vietnam, generaron un amplio movimiento de solidaridad en gran parte de Europa y de los propios Estados Unidos, que canalizó en oposición al imperialismo.

132

Las revueltas estudiantiles y las huelgas masivas que sacudieron Francia en mayo del 68, fracasaron en los «campos de batalla», pero sus efectos cambiaron la vida de generaciones. En el Mayo Francés coincidieron actores tan dispares como los universitarios desencantados por un horizonte sin futuro laboral, los trabajadores descontentos por su marginación del *boom* económico de los 60, millones de jóvenes movilizados contra la guerra de Vietnam y pueblos de los cinco continentes deseosos de libertad.

Las grandes manifestaciones, protestas y huelgas tuvieron lugar entre el 3 y el 30 de mayo, pero su origen estaba en las reformas universitarias de 1967, que no habían contentado a nadie. Un grupo de estudiantes de la Facultad de Letras de Nanterre, en las afueras de París, dirigidos por Daniel Cohn-Bendit, formó un grupo, el Movimiento 22 de marzo, que convocó a la movilización y aprobó un programa de reformas educativas y de exigencias políticas radicales. Su universidad fue cerrada y fueron detenidos algunos de sus dirigentes. Se trasladaron entonces a la Sorbona y se enfrentaron a la policía en el Barrio Latino.

Pidieron ayuda a los sindicatos estudiantiles y obreros. Las protestas se multiplicaron, París se llenó de barricadas y en la noche del 10 de mayo la policía lanzó un asalto masivo para recuperar el control, que fracasó.

En el choque fueron heridas más de mil personas; cuatrocientas de ellas quedaron graves. En respuesta, los sindicatos convocaron una huelga general para el día 13. El seguimiento fue desigual, pero a la manifestación de París acudió el mismo día más de un millón de franceses. Las reivindicaciones estudiantiles se eclipsaron y los sindicatos llamaron a una nueva huelga general e indefinida a partir del 17 que paralizó el país.

El 27 de mayo, el presidente De Gaulle concedió a los sindicatos, a cambio de levantar la huelga y dejar aislados a los estudiantes, un aumento salarial del 14%, reducciones sustanciales de la jornada laboral y garantías de empleo y jubilación. Aunque algunas fábricas emblemáticas, como la Renault de Boulogne-Billancourt, rechazaron en un primer momento el acuerdo y arrastraron a otras muchas, el día 30 de mayo De Gaulle se reunió con los mandos militares, disolvió la Asamblea Nacional, convocó nuevas elecciones, confirmó al Gobierno de Pompidou y pidió por televisión el apoyo de los franceses «contra la amenaza del comunismo totalitario». Sólo después se supo que el gobierno estuvo a punto de claudicar, pero la intervención de De Gaulle decisiva.

El plan de unión de la izquierda quedó desactivado y deslegitimado hasta comienzos de los años 80. Millones de franceses se manifestaron cantando La Marsellesa en apoyo del Gobierno. La huelga se diluyó, se aplicaron los pactos conocidos como «Los acuerdos de Grenelle» y el gaullismo venció en las elecciones de finales de junio. Seriamente debilitado, De Gaulle se retiró al año siguiente.

> **Los consejos de Sartre**
> El gran filósofo francés le sugirió al joven líder Daniel Cohn-Bendit: «Lo interesante de la acción que ustedes desarrollan es que lleva la imaginación al poder. [...] Nosotros estamos formados de un modo tal que tenemos ideas precisas sobre lo que es posible y lo que no lo es. [...] Ustedes tienen una imaginación mucho más rica y las frases que se leen en los muros de la Sorbona lo prueban. [...] Se trata de lo que yo llamaría la expansión del campo de lo posible. No renuncien a eso».

133

La Masacre de Tlatelolco

Año: 1968.
Lugar: Ciudad de México.
En síntesis: el 2 de octubre de 1968, en la Plaza de las Tres Culturas de la capital mexicana, la represión gubernamental a una manifestación de jóvenes regó el suelo de sangre.

El horror fue repentino. Entre 6.000 y 15.000 personas se congregaron para escuchar el discurso de los líderes del movimiento estudiantil, que nueve semanas antes había comenzado a realizar manifestaciones y una huelga. Los estudiantes de varias casas de estudio ocuparon las calles de la ciudad llevando claveles rojos para protestar por el autoritarismo gubernamental. De pronto, sin ningún aviso, fuerzas militares rodearon la plaza y dispararon indiscriminadamente, dejando a cientos de muertos y miles de heridos.

134

Los estudiantes se movilizaban en pos de una verdadera autonomía, en reclamo de libertades y derechos civiles, y en protesta por el ingreso de soldados a las aulas. En julio de 1968, muchas escuelas mexicanas habían realizado un paro, y como consecuencia, el ejército ingresó en ellas de modo violento. Un mes después se realizó una marcha estudiantil de más de 200.000 personas, que finalizó en la plaza El Zócalo. Algunos manifestantes decidieron pasar la noche a la espera de una respuesta del gobierno, pero esa misma madrugada la policía local los reprimió con tanques de guerra. Los estudiantes, lejos de acobardarse continuaron manifestándose, llevando a cabo la llamada Marcha del Silencio, en la que se colocaron pañuelos en la boca.

Semanas antes de la masacre más terrible de la historia contemporánea mexicana, el presidente Gustavo Díaz Ordaz ordenó la ocupación de la Universidad Nacional Autónoma de México (UNAM). Ya en aquel suceso se habló de decenas de muertos, que la policía habría incinerado a fin de ocultar las pruebas. Aun así, los manifestantes crecían en número, llegando también de otras ciudades y países. El ejército se retiró de la UNAM el 1 de octubre. Al día siguiente miles de estudiantes y trabajadores se congregaron en la Plaza de las Tres Culturas en demanda de libertad de expresión y contra el autoritarismo gubernamental, que se hacía presente en persecuciones, secuestros, torturas y asesinatos contra quienes mostraban públicamente su rechazo.

Entre los manifestantes hubo infiltrados: miembros del *Batallón Olimpia*, un grupo paramilitar del gobierno cuyos integrantes marchaban vestidos de civil usando un guante blanco en la mano izquierda para distinguirse y poder así reprimir y no ser agredidos.

Hacia el final de la jornada, una bengala verde iluminó la plaza, dando señal a los militares de que ocuparan sus posiciones. De todas las calles convergentes aparecieron las fuerzas del ejército rodeando la plaza. Minutos más tarde una segunda bengala indicó que podían comenzar a disparar. La masacre se extendió durante la noche, y los soldados allanaron los edificios de apartamentos adyacentes a la plaza.

A la fecha se desconoce la cifra de muertos. El gobierno manifestó en 1968 que sólo hubo 20 muertos. La laureada escritora Elena Poniatowska publicó un libro de investigación sobre el tema, *La noche de Tlatelolco*. Allí, una madre que buscaba a su hijo entre los cadáveres narra haber contado al menos 65 de ellos en un solo lugar. Muchos testigos aseguran que los cuerpos fueron sacados en camiones de basura e incinerados, y últimamente se cree que los muertos fueron 300. Aún hoy hay personas que permanecen desaparecidas y muertes sin explicación.

Pocos días después, el sábado 12 de octubre de 1968, el presidente Díaz Ordaz dejaba inaugurados los XIX Juegos Olímpicos. Paradójicamente, esos juegos recibieron el nombre de «La Olimpíada de la Paz».

Los expertos
En octubre de 2003, a treinta y cinco años de la masacre, el archivo de la Universidad George Washington dio a conocer la relación entre el gobierno mexicano y el estadounidense. Los documentos detallan que Luis Echeverría Álvarez, Secretario de Gobernación durante el gobierno de Díaz Ordaz, solicitó ayuda de la CIA para «manejar» la protesta y garantizar la seguridad de los inminentes Juegos Olímpicos. Por su parte, la CIA envió a México «expertos en lucha antisubversiva», armas y equipos especializados.

135

El hombre pisa la Luna

Año: 1969,
Lugar: La Luna.
En síntesis: aunque aún el hecho es discutido por muchos, millones de seres humanos se magnetiza-ron frente a las escenas que transmitían los televisores. El viejo sueño se cumplía.

El 20 de julio de 1969, la misión espacial de los EE.UU., Apolo 11, colocó exi-tosamente los primeros hombres en la Luna. Neil Armstrong su comandante y Edwin E. Aldrin, piloto del módulo de exploración lunar Eagle, desembarca-ron en el sitio previsto, en el llamado el Mar de la Tranquilidad. El tercer astro-nauta, Michael Collins, permaneció en órbita lunar al comando del módulo de mando Columbia, el cual abordaron nuevamente Armstrong y Aldrin 21 horas más tarde para retornar a la Tierra.

136

El acceso al espacio exterior halló expresión en la imaginación de escritores como el francés Jules Verne o el británico H. G. Wells. No obs-tante, la realización práctica de los primeros viajes espaciales contó con los aportes de científicos especializados que iniciaron sus trabajos en un contexto bélico. Algunos estudios de misilística y balística de principios del siglo XX fueron replanteados para su eventual aplicación astronáu-tica, como consecuencia de las investigaciones sobre las bombas volan-tes desarrolladas durante la Segunda Guerra Mundial. En los laboratorios alemanes donde se fabricaban los cohetes V2 surgieron las líneas maestras a partir de las cuales se establecieron programas cada vez más ambiciosos.

Aunque las bases de lo que más tarde se llamaría carrera espacial se sentaron en Alemania, los dos países que polarizaron la investigación y la experimentación, fueron los Estados Unidos y la Unión Soviética. La conquista del espacio se planteó como una competición estimulada por el perfeccionamiento tecnológico, los elevados presupuestos necesarios para cada una de las misiones y el grado de especialización y entrenamiento de los hombres que intervinieron en ellas.

El conjunto de experiencias pioneras en el campo de los viajes espaciales quedó limitado al lanzamiento y puesta en órbita de satélites de telecomunicación que, aprovechando el desarrollo paralelo de las técnicas de miniaturización de componentes y circuitos, sirvieron además como modelos de comportamientos físico para los viajes tripulados. Tras distintos ensayos de recuperación de satélites y de naves que transportaban animales, dio comienzo la era espacial. Contribuyeron a su desarrollo una larga serie de astronautas, algunos de los cuales sacrificaron su vida al progreso y al conocimiento del espacio fuera de la atmósfera terrestre. El primer gran objetivo, la llegada del hombre a la Luna, se cumplió en 1969.

Estados Unidos envió al espacio el 16 de julio de ese año a la misión Apolo XI, la primera en llegar a la superficie de la Luna. El Apolo XI fue impulsado por un cohete Saturno V desde la plataforma LC 39A y lanzado a las 10:32 hora local del complejo de Cabo Kennedy, en Florida. La tripulación estaba compuesta por el comandante de la misión Neil A. Armstrong, Edwin E. Aldrin Jr. y Michael Collins. La denominación de las naves, privilegio del comandante, fue *Eagle* para el módulo lunar y *Columbia* para el módulo de mando. El comandante Neil Armstrong fue el primer ser humano que pisó la superficie del satélite el 21 de julio de 1969, seis horas y media después de haber alunizado. Este hito histórico se retransmitió por televisión a todo el planeta desde las instalaciones del Observatorio Parkes, Australia. El 24 de julio, los tres astronautas amerizaron en aguas del Océano Pacífico y pusieron fin a la misión.

¿Lunáticos?

La «Visión para la exploración espacial» es una política espacial de EE. UU. anunciada el 14 de enero de 2004 por el entonces presidente George W. Bush, como base para futuras misiones tripuladas a la Luna y a Marte, a cargo de la NASA. Fue una respuesta al accidente del transbordador espacial *Columbia*, al estancamiento del vuelo espacial tripulado y una forma de ganar el entusiasmo popular. En 2010, Barack Obama canceló un proyecto de este programa por recortes presupuestarios.

137

El derrocamiento de Allende

Año: 1973.
Lugar: República de Chile.
En síntesis: el 11 de septiembre de 1973, un golpe militar encabezado por el general Augusto Pinochet, derrocó al gobierno constitucional de izquierda de Salvador Allende.

El golpe de estado formado por las FF. AA. y la institución policial de naturaleza militar (los carabineros) que derrocó al gobierno constitucional del socialista Dr. Salvador Allende Gossens, contó con el apoyo de la derecha política chilena, un sector del Partido Demócrata Cristiano y el gobierno de EE. UU. El Presidente murió ese mismo día de un disparo en la cabeza. El general Augusto Pinochet asumió la dirección del país, iniciando un gobierno *de facto* que duró diecisiete años y dejó un número de 30.000 víctimas.

138

Salvador Allende, dirigente del Partido Socialista , se postuló como candidato de la Unidad Popular (UP), una coalición compuesta por varios partidos de izquierda. La victoria de Allende fue obtenida el 4 de septiembre de 1970 con un 36,3% de los sufragios. La propuesta de la UP fue transformar a Chile en un sociedad de carácter socialista, por lo que se llevaron a cabo grandes transformaciones, como la nacionalización de propiedades y la reforma agraria, entre otras. Allende inició relaciones diplomáticas y comerciales con Cuba, mientras que condenó la ocupación estadounidense en Vietnam, enfrentándose así al gobierno de Richard Nixon.

En octubre de 1972 comenzó una crisis económica que llevó al inicio de una huelga emprendida por las clases alta y media. En ese contexto, movimientos fascistas llevaron a cabo ataques violentos, y el 9 de octubre una huelga de transportistas terminó de paralizar la economía. Fondos de dudosa procedencia subvencionaban a los camioneros que dejaban de trabajar.

El gobierno de Estados Unidos incidió directamente en el desgaste económico y político del Estado chileno, ya que proporcionó entrenamiento militar a las FF. AA. chilenas y dispuso de un millón de dólares a la «contrarrevolución» a través de la Agencia Internacional para el Desarrollo. El pueblo chileno defendió al gobierno institucional tomando medidas para que la economía continuara funcionando; por ejemplo, ocupando las fábricas cuando los capitalistas sabotearon la producción. En 1973 la violencia desatada por enfrentamientos entre grupos radicales de adherentes y opositores al gobierno, y de sindicatos contra carabineros provocó un clima de confrontación y tensión social.

La crisis culminó en un sangriento golpe militar. El día 11 de septiembre, las FF. AA. de Chile, dirigidas por sus más altas autoridades, quebraron la democracia. Allende murió en medio del bombardeo al palacio nacional de La Moneda, metralleta en mano, defendiendo ese símbolo de la democracia contra las tropas agresoras.

El Poder Ejecutivo fue asumido por la Junta Militar integrada por Augusto Pinochet, José Toribio Merino, Gustavo Leigh y César Mendoza. Y dio comienzo la cacería. Miles de trabajadores, sindicalistas y militantes políticos fueron brutalmente asesinados. El gobierno *de facto* fue presentado a la ciudadanía como una salvaguarda temporal del orden, pero retuvo el poder por diecisiete años. El control militar fue un revés para toda Latinoamérica y ocurrió en el marco de una serie de golpes militares en la región: Nicaragua (1936 a 1979), Paraguay (1954 a 1989), Perú (1968 a 1975), Bolivia (1971 a 1978), Uruguay (1973 a 1984), y Argentina (1976 a 1983). La mayor parte de los dictadores latinoamericanos se formaron militarmente en la Escuela de las Américas, institución dependiente de Estados Unidos.

Puesto de lucha
Durante el golpe militar se llevaron a cabo bombardeos en el palacio de La Moneda. Allende, que se encontraba en su interior, decidió enfrentar el ataque, defendiendo al palacio con su vida, desde el puesto que le había asignado el voto popular. Dejó grabado un sentido mensaje a su pueblo, se calzó un casco y empuñó su metralleta. La versión difundida por la Junta fue que el Presidente se suicidó, pero aún hoy existen cuestionamientos al respecto. Su resistencia ennobleció su calidad humana.

139

La Revolución de los Claveles

Año: 1974.
Lugar: Portugal.
Síntesis: la Revolução dos Cravos, fue un levantamiento militar que puso fin a la larguísima dictadura de Antonio de Oliveira Salazar, que dominaba Portugal desde 1926.

La vigencia del *Estado Novo* (o República Corporativista) inspirado por Salazar, hombre elogiado por Franco, llegó a casi medio siglo. Era la más longeva de toda Europa. Su caída renovó el aire de Portugal, y posibilitó la independencia de las últimas colonias que ésta mantenía. El país se convirtió en un Estado de derecho democrático y liberal. Miles de portugueses llenaron las calles de Lisboa para celebrar el acontecimiento con claveles blancos y rojos, lo que dio nombre al movimiento del 25 de abril de 1974.

El primer ministro portugués, Marcelo Caetano, quien había sucedido al fundador del régimen, Antonio de Oliveira Salazar después de su muerte en 1970, se vio obligado por la vieja guardia del régimen a destituir al general António de Spínola y a quienes lo apoyaban, puesto que ellos querían modificar el curso de la política colonial del país, demasiado costosa. En ese momento se hicieron visibles las divisiones internas al régimen y en el Movimiento de las Fuerzas Armadas comenzó a gestarse una revolución, alcanzando cada vez mayores niveles de crecimiento y convirtiéndose progresivamente en una preocupación para la Policía Secreta del *Estado Novo*.

En marzo de 1974, un grupo de oficiales de este movimiento intentó realizar un golpe de Estado, comenzando con una revuelta de la infantería en una localidad del interior de Portugal con el fin de marchar sobre Lisboa. A pesar de su fracaso, este hecho motivó a Caetano a comenzar una campaña de espionaje dentro del ejército, que devino en múltiples detenciones y traslados. Para los jefes del Movimiento de las Fuerzas Armadas se volvió entonces evidente que la salida a ese régimen implicaba necesariamente un golpe de Estado, que requeriría de una ampliación aún mayor de su círculo para que la caída de la dictadura no deviniera en una guerra civil.

El 25 de abril, mediante una serie de coordinaciones fijadas por un puesto de mando establecido por el mayor Otelo Saravia de Carvalho en el cuartel de la Pontinha, en Lisboa, el Movimiento de las Fuerzas Armadas ocupó los puntos estratégicos del país; las guarniciones de las principales ciudades decidieron acoplarse a este movimiento ocupando aeropuertos y aeródromos y tomando las instalaciones del gobierno. A lo largo de esa madrugada, las autoridades del *Estado Novo* perdieron el control y no opusieron resistencia. Durante la madrugada, los militares en rebelión ocuparon los aeropuertos internacionales e interrumpieron los vuelos en todo el espacio aéreo portugués. Unidades de la marina de guerra se adhirieron también a la revuelta y tomaron el control de los puertos del Océano Atlántico y de las Azores. Si bien al inicio las tropas aéreas se mostraron indecisas respecto de la revuelta, finalmente aceptaron seguir al Movimiento de las Fuerzas Armadas debido a la decidida actuación de las tropas del ejército.

El proceso revolucionario en curso

Los dos años siguientes a la Revolución de los claveles se caracterizaron por luchas entre izquierdas y derechas. Se conoce a este período como el «Proceso Revolucionario en curso», expresión ambivalente que da cuenta de la falta de definición del rumbo de los acontecimientos. Se sucedieron cinco gobiernos provisionales. Hubo varios intentos de golpe militar, en 1974 y en 1975, episodios derrotados tras los cuales se radicalizó el régimen. En 1976 se consolidó una amplia democracia.

141

El lugar de Marelo Caetano, quien con sus ministros se exilió en Brasil, lo ocupó el mencionado general António de Spínola, uno de los jefes del Movimiento de las Fuerzas Armadas en el cuerpo de caballería. Al amanecer, en las calles de Portugal se mezclaban miles de civiles, que salían a apoyar la revolución, con los oficiales sublevados. Algunos soldados colocaron claveles en sus fusiles para mostrar que no querían disparar sus armas. Se formó así una multitud que marchó con la flor de temporada para mostrar su apoyo a la revuelta.

El caso Watergate

Año: *1974.*
Lugar: *Estados Unidos.*
En síntesis: *este escándalo obligó al presidente republicano Richard Nixon a dimitir. Antes, había hecho todo lo posible para diferir, desviar o entorpecer la investigación.*

En plena campaña presidencial, en la noche del 17 de junio de 1972, fueron detenidos cinco hombres en las oficinas del Comité Nacional del Partido Demócrata, en el complejo Watergate, de Washington. Los intrusos llevaban de guantes de goma, equipo fotográfico, micrófonos y otros mecanismos para escuchas. Habían entrado ya el 27 de mayo en ese bloque de oficinas. Buscaban archivos de los demócratas sobre las relaciones comerciales de Donald Nixon, hermano del presidente, con el millonario Howard Hughes.

James W. McCord, Bernard L. Barker, Frank A. Sturgis, Eugenio R. Martínez y Virgilio R. González fueron acusados de haber entrado en las oficinas para robar documentos, «pinchar» teléfonos e instalar escuchas electrónicas. Además, fueron citados a declarar E. Howard Hunt Jr., ex agente de la CIA, y G. Gordon Liddy, ambos consejeros del gobierno de Nixon. Un año después, en 1973, todos fueron acusados de conspiración por interceptar conversaciones orales y telefónicas.

La prensa difundió que personal de la Casa Blanca estaba implicado en el caso. Nixon invocó la doctrina del «privilegio del Ejecutivo», para justificar las negativas de sus colaboradores a declarar. Pero aconsejado por el presidente del Comité de Investigación del Senado, Nixon anunció que los miembros de la Casa Blanca comparecerían.

La toma de testimonios se inició el 17 de mayo, en público y ante las cámaras de televisión. Durante las once semanas siguientes declararon ante el Comité del Senado casi todos los hombres cercanos a Nixon, además de sorprendidos intrusos.

John Dean, consejero de Nixon, fue el primero en revelar que el presidente estaba implicado. Lo hizo el 25 de junio. Días después otro testigo, Alexander P. Butterfield, sacó a la luz la existencia de cintas magnetofónicas que contenían la mayoría de las conversaciones que tuvieron lugar en la oficina presidencial desde principios de 1971. Las grabaciones jugaron un papel clave en el proceso. Ante el rechazo de Nixon a comparecer y a permitir el acceso del Senado a sus archivos, el Comité y el fiscal especial le enviaron un requerimiento para que entregara las cintas grabadas entre el 20 de junio de 1972 y el 15 de abril de 1973. El presidente se negó.

La batalla legal posterior concluyó el 13 de septiembre con una solución de compromiso ante el Tribunal de Apelaciones de EE.UU., consistente en la entrega voluntaria de partes de las cintas por el presidente a dos representantes de la Casa Blanca, para que las examinaran y decidieran qué fragmentos serían entregados al Jurado Acusador.

La causa siguió adelante hasta que en julio de 1974, el Comité Judicial de la Cámara de Representantes votó tres artículos del proceso de incapacitación para ejercer la Presidencia en los que, entre otras cosas, se acusaba a Nixon de haberse «embarcado personalmente o a través de sus subordinados o agentes en un rumbo de conducta o plan dirigido a retrasar, impedir y obstruir la investigación sobre el caso Watergate».

El 4 de agosto, Nixon reconoció su participación en el encubrimiento de los hechos relacionados con la entrada en la oficina demócrata. Además, se confirmó que el ocupante del Despacho Oval había participado, utilizando a la CIA, en los intentos de desviar la atención del FBI, que apuntaba por entonces hacia la Casa Blanca. Esta revelación provocó su dimisión el día 8 de agosto de 1974.

> **Héroes de la democracia**
> En 1976, Alan Pakula dirigió la ilustrativa película «Todos los hombres del presidente», protagonizada por Robert Redford, Dustin Hoffman, Jack Warden, Jason Robards y Martin Balsam, entre otros. El film se basó en el libro homónimo de Bob Woodward y Carl Bernstein, los periodistas que llevaron a cabo la investigación sobre el escándalo de Watergate. La caída del presidente fue una de esas ocasiones en que el pregonado sistema democrático funciona, y prueba ser el mejor de los sistemas posibles.

143

La caída de Saigón

Año: 1975.
Lugar: Saigón, Vietnam.
En síntesis: la Guerra de Vietnam fue un enorme fracaso político y militar para los Estados Unidos. Sus aliados survietnamitas veían cómo el enemigo avanzaba sin pausa. Era el fin.

La liberación de la ciudad de Saigón en abril de 1975 determinó que, luego de décadas de sufrimiento, la guerra por la independencia de Vietnam había llegado a su fin. La noticia tuvo un impacto internacional enorme, ya que no sólo era un nuevo triunfo de un pueblo en su lucha de liberación, sino que ésta se producía mediante la derrota de la mayor potencia económica y militar del mundo, que no había escatimado recursos ni armas. El «mal ejemplo» llevó a otros pueblos el mensaje de que Goliat no era invencible.

144

Los Acuerdos de París de 1973 habían promovido el retiro paulatino de las tropas norteamericanas desplegadas en Vietnam. Todo el peso de la guerra cayó entonces sobre el ejército survietnamita, aunque el apoyo económico de la potencia occidental, a pesar de reducirse por momentos, siguió siendo fundamental para el sostenimiento del gobierno del sur encabezado por el presidente Thieu. El conflicto se mantuvo activo en el norte, pero sin variaciones importantes gracias al apoyo económico y en material bélico recibido por el ejército del sur. Las fuerzas de liberación y el ejército del norte recuperaron fuerzas y, además de presionar en el norte, comenzaron a planificar nuevos ataques en el sur para tomar posiciones más cercanas a Saigón. La política interna norteamericana llevaba a que la ayuda económica se redujera, más aún cuando los escándalos por corrupción y enriquecimiento ilícito en el gobierno de Thieu eran cada vez mayores.

En enero de 1975, mientras mantenían la presión en el norte, las fuerzas de liberación y el ejército de Vietnam del Norte obtuvieron la victoria en una de las ofensivas que lanzaron en el sur y tomaron la provincia de Phuoc Long, al noreste de Saigón, en una operación en la que sufrieron un escaso número de bajas. Luego se redobló la presión sobre la Meseta Central de Vietnam del Sur. Una serie de malas maniobras de las fuerzas capitalistas permitieron el avance de los comunistas, y se produjo el derrumbe de todo el frente en el norte. Luego de desplegar sus divisiones en la Meseta Central, el Ejército de Vietnam del Norte encaró la marcha hacia Saigón, en lo que se conoció como la campaña Ho Chi Min. Algunas fuerzas del sur intentaron resistir, pero la situación era insostenible. El 21 de abril, el presidente Thieu, perdida ya la confianza del pueblo a causa de la corrupción y el autoritarismo de su gobierno, dejó su cargo en manos del general Duong Van Minh, esperando que pudiera emprender negociaciones con Hanoi. Pero ya era tarde.

A fines de ese mes, los norteamericanos comenzaron la evacuación de su personal civil y militar y de miles de colaboracionistas vietnamitas, aunque muchos de ellos quedarían abandonados a su suerte. El día 30, los primeros tanques de las fuerzas de liberación penetraron en Saigón. Salvo leves focos de resistencia, la entrada de las tropas fue prácticamente, pacífica. A las 12:15 la bandera del Frente de Liberación Nacional fue izada en el Palacio Presidencial, mientras Van Minh recibía al coronel Bui Tin del Ejército de Vietnam del Norte. «He estado esperando toda la mañana para entregarles el poder», dijo Van Minh, a lo que el coronel respondió: «No puede entregar lo que no tiene. Puede rendirse usted de manera incondicional». Pocas horas después Saigón fue rebautizada como ciudad de Ho Chi Min. Luego de treinta años de guerra, Vietnam, era libre y unificaba su territorio.

La huida

El día 29 de abril, el aeropuerto de Son Nhut, por el cual ya habían escapado los survietnamitas ricos, fue bombardeado por las fuerzas de liberación. Los norteamericanos pusieron en funcionamiento entonces la operación *Frequent wind*, mediante la cual 60 helicópteros sobrevolaron durante todo el día de un lado a otro, principalmente desde la embajada, transportando a todo el personal civil y militar de Estados Unidos y a un grupo selecto de vietnamitas. Muchos quedaron abandonados a su suerte.

145

Fundación de Microsoft

Año: 1975.
Lugar: Estados Unidos.
En síntesis: el desarrollo de software realizado por la empresa Microsoft llevó a la creación de la computadora personal. Y el acceso al conocimiento y la información se revolucionaron.

La informática es el motor de la llamada «Tercera Revolución Tecnológica» (o «Revolución de la Inteligencia»), luego de la de la máquina de vapor y la de los motores de combustión interna. Sus mayores desarrollos se esperan para el siglo XXI, pero tuvieron sus primeras realizaciones en el XX. En sus principios, el salto tecnológico fue dado por las máquinas de calcular y el adelanto colosal en las matemáticas, la física y la electrónica; luego arribó la cibernética, que intenta reproducir las funciones básicas del cerebro humano.

La historia de la informática anterior a los años 90 comienza con el científico norteamericano H. H. Aiken, quien construyó una primera gran calculadora electrónica que tenía un programa que se desarrollaba automáticamente en secuencias establecidas. La construcción posterior de nuevas máquinas de calcular introdujo el concepto de computación.

El fundamento científico de la computación no hubiera sido posible sin el cálculo lógico inventado en el siglo XIX por el matemático británico George Boole. La ciencia de la computación se basa en el cálculo binario que él desarrolló y sobre el pensamiento acerca del algoritmo completo o «máquina de calcular» elaborado por el británico Alan Turing en 1936; no es un artefacto físico sino el proceso de cálculo que asegura la posibilidad de resolución completa de un problema en una operación matemática enlazada y continuada.

John von Neumann, el descubridor de la teoría de los juegos en 1944, propulsó otra idea esencial para el futuro de la informática, como es la de que podían grabarse en memorias artificiales tanto los datos de un problema como las instrucciones para resolverlos. Es el inventor del esquema básico de una computadora de programa con memoria. El paso siguiente fue el desarrollo de las técnicas de programación en serie de las máquinas; los programas informáticos son sistemas de códigos que dan instrucciones a la máquina.

La clave del sistema informático es el *chip* o procesador, y su fundamento se encuentra en el transistor, cuya multiplicación y engarce dio lugar a los circuitos integrados y éstos a la fabricación de los microprocesadores. Cuando se consiguió su miniaturización, proceso que aún continúa, fue posible pasar a la industria de la informática de consumo. La compañía norteamericana IBM impuso sus estándares informáticos en escala mundial en el *hardware*, es decir, las máquinas, y luego, en consorcio con Microsoft, en el *software* o programas informáticos.

Microsoft fue fundada el 4 de abril de 1975 por Bill Gates, joven de veinte años de edad, y Paul Allen, de veintidós. Es hoy una empresa que desarrolla, fabrica, licencia y produce *software* y equipos electrónicos. Al comienzo de la década de los 80, IBM puso en el mercado su nuevo «*Personal Computer*» (PC), una máquina destinada a revolucionar el mundo, que trabajaba con el sistema operativo DOS (*Disc Operating System*), convertido pronto en MS-DOS, al quedar en manos de Microsoft.

En esta nueva fase está el origen de las computadoras personales, que trabajarían junto a las grandes máquinas empleadas en procesos de más envergadura. Luego vendrían complejos industriales de la informática. Como el *Silicon Valley*, en California, donde está la más alta concentración de fabricantes de microprocesadores y otros elementos. Por el afán de aquellos dos jóvenes, el mundo de la digitalización del flujo de la información y de las redes estaba en marcha.

Guerra del *software*
Desde 1980, Microsoft ha sido objeto de crítica por el monopolio que ejerce. *La Free Software Foundation* es una organización creada en octubre de 1985 por Richard Stallman, y se dedica a eliminar las restricciones sobre la copia, redistribución, entendimiento, y modificación de programas de computadoras. Promociona el desarrollo y libre uso del *software* en todas las áreas de la computación, como un legítimo patrimonio de la humanidad.

147

El «Proceso» en Argentina

Año: 1976.
Lugar: República Argentina.
En síntesis: el golpe de estado más sangriento de la Argentina estalló el 24 de marzo de 1976. Hasta 1983, el régimen militar produjo miles de muertes, desapariciones, torturas.

En aquel fatídico marzo asumió la Junta Militar integrada por el Teniente General Videla, el Almirante Massera y el Brigadier Agosti, tras derrocar al gobierno de Isabel Perón. Videla, designado presidente *de facto*, dio comienzo al autodenominado «Proceso de Reorganización Nacional». Si bien la represión ya se había iniciado antes, el golpe marcó el inicio de los años más terribles de la Argentina, en los que desconocieron los Derechos Humanos; hubo secuestros, torturas, robo de niños y campos de concentración.

148

Fallecido el entonces presidente Juan Domingo Perón en 1975, asumió la presidencia del país su esposa, la vicepresidenta María Estela Martínez de Perón, prácticamente dominada por el ministro de Bienestar Social, «el Brujo» López Rega. El clima de descontento era creciente. El gobierno se deterioraba día a día. La crisis interna del partido peronista, el aumento de la inflación, la agudización de la violencia política (también «Brujo» mediante, con los parapoliciales de la Triple A), la abierta oposición del empresariado, el vacío de poder y el descontrol institucional quitaron al gobierno toda base de apoyo. En este marco se inició una de las últimas dictaduras latinoamericanas, que ya venían sucediéndose en Brasil, Chile y Uruguay.

Los rasgos fundamentales del «Proceso» fueron: en lo económico, un liberalismo a ultranza que liquidó la industria nacional y benefició a los capitales financieros; y en lo político y social, la falta de libertad de expresión y prensa; la represión, cuidadosamente planeada y dirigida por los más altos niveles militares; el secuestro y la ejecución de militantes o incluso de gente a la que se le quería despojar de sus bienes. Entre las víctimas hubo integrantes de las organizaciones guerrilleras y de actividades sindicales y políticas, pero la persecución se extendió a amigos, familiares, meros «sospechosos de ser sospechosos», y a la población en general. La represión buscaba eliminar a todos aquellos que se opusieran a sus objetivos económicos, políticos e ideológicos. En el primer año de dictadura ya había más de 15.000 «desaparecidos», 10.000 presos, 4.000 muertos y decenas de miles de exiliados, aunque el grueso de la población se encontraba desinformado de la situación.

Mientras se torturaba y se mataba, en junio del 78 se realizó en Argentina el Mundial de fútbol, objetivo central de los militares para maquillarse y dar idea de progreso y modernidad. El triunfo argentino generó alegría popular, lo que sirvió a la Junta para conservar el poder y demostrar que podían mantener la paz y manejar el país.

El 2 de abril de 1982 el gobierno *de facto* irrumpió en las islas Malvinas. La ocupación, que contó con un amplio respaldo popular, llevó a la muerte a miles de jóvenes, trasladados a las islas sin conocimientos militares y en muchos casos faltos de abrigo y de alimentos.

Heroínas

Las organizaciones de Madres y Abuelas de Plaza de Mayo se conformaron a partir de un grupo de familiares que buscaba a sus hijos y nietos secuestrados y desaparecidos, a niños sustraídos de su identidad y entregados a familias que, en algunos casos, eran cómplices del asesinato de sus padres. A lo largo de los años, las Madres y Abuelas lucharon pacíficamente por encontrarlos Así recuperaron más de 100 chicos, ya adultos. Se estima que faltarían aún unos 400. Pero la búsqueda continúa.

149

Los militares crearon más de 300 centros clandestinos en los que llevaron a cabo la tortura sistemática y la ejecución. Mediante los «vuelos de la muerte», incontables personas fueron arrojadas con vida al mar desde aviones militares. La figura jurídica del «desaparecido» intentaba dar nombre a las personas secuestradas y/o muertas, cuyos cuerpos, en muchos casos, no fueron encontrados aún. Sin embargo, la búsqueda de sus familiares continúa. Los responsables de aberraciones, aún con demora, fueron y siguen siendo juzgados.

Muerte de Juan Pablo I

Año: *1978.*
Lugar: *Ciudad del Vaticano.*
En síntesis: *el pontificado de Juan Pablo I fue el cuarto más breve de la historia; la causa de su particular muerte es uno de los enigmas del siglo XX, y fuente de las más diversas teorías.*

Las extrañas circunstancias del deceso de Albino Luciani, reportada como un ataque cardíaco en alguien que gozaba de buena salud, y otros sucesos misteriosos (como que el certificado de defunción no fuese firmado por el forense vaticano sino por otro médico, lo precipitado de su embalsamamiento, los cambios en las declaraciones de sus allegados) dispararon la teoría de que en realidad Juan Pablo I fue asesinado. Tras su muerte, no pocas miradas se dirigieron a la trama financiera que el Papa pensaba sanear.

150

A la muerte de Paulo VI, en agosto de 1978, fue elegido Papa el cardenal Albino Luciani, patriarca de Venecia. Había nacido en Canale d'Agordo el 17 de octubre de 1912, en una familia modesta. Fue ordenado sacerdote en 1935 y tras un período de trabajo pastoral fue profesor del seminario Gregoriano de Belluno.

Se graduó como doctor en Teología en la Pontifica Universidad Gregoriana. Fue consagrado obispo por Juan XXIII en 1958. Ocupó el obispado de Vittorio Veneto hasta que en 1969 fue nombrado patriarca de Venecia. Pablo VI lo elevó al cardenalato en 1973. El 26 de agosto de 1978 fue elegido Papa y escogió para su pontificado el nombre de Juan Pablo I.

El día de su primera aparición renunció a la silla gestatoria y recorrió a pie, como los demás, el camino que lo llevaba a la coronación papal, una denominación tradicional que rechazó, rehusando incluso calzarse la tiara de pontífice. El 29 de septiembre de 1978, Albino Luciani falleció, al parecer, de un ataque cardíaco. Las incoherencias de las fuentes oficiales del Vaticano llevaron a la elaboración de hipótesis acerca de los reales motivos y causas de su muerte. Había algunos indicios inquietantes.

Mientras fue Patriarca de Venecia, en 1972, la Banca Vaticana vendió al Banco Ambrosiano (propiedad de Roberto Calvi) la Banca Cattolica del Veneto, sin consultar al obispado metropolitano de Venecia, del que monseñor Albino Luciani era jerarca. El responsable de esta acción fue el arzobispo norteamericano Paul Marcinkus, quien tenía a su cargo la administración del Instituto de Obras Religiosas, conocido como Banco del Vaticano, entidad que velaba por el patrimonio financiero que ostentaba la Santa Sede. Luciani, por su parte, descubrió irregularidades a partir de indebidos manejos efectuados por el llamado «banquero de Dios» en un negocio de 1972 con la Banca Cattolica Veneto. Esto trajo desavenencias entre Luciani, y el norteamericano responsable de la dudosa administración vaticana de entonces. La Banca Cattolica de Veneto estaba especializada en préstamos con bajos tipos de interés hacia los más necesitados. Giovanni Benelli, sustituto del Secretario de Estado Vaticano, le contó a Luciani que existía un plan entre Roberto Calvi, Michele Sindona y Marcinkus para aprovechar el amplio margen de maniobra del Vaticano en la evasión de impuestos y el movimiento legal de acciones.

> **Causas pendientes**
> Dice el sacerdote Jesús López Sáez en su obra *El día de la cuenta*: «Juan Pablo I no era un papa débil e indeciso como lo pintan desde el Vaticano. [...] Hay dos procesos abiertos en torno del Papa Luciani. El primero es civil, reabierto en Roma por el fiscal Pietro Saviotti. [...] El segundo es la beatificación de Juan Pablo I. Pero El Papa Luciani no necesita milagros para ser santo. A Juan Pablo I hay que beatificarle como mártir, tras una profunda investigación sobre su muerte y recuperar su imagen distorsionada».

151

Luciani había intentado poner en marcha un plan de limpieza dentro del sistema financiero del Vaticano, y deseaba esclarecer la relación entretejida con la mafia italiana, reforzada por una rama ilegal de la masonería, la denominada *Propaganda 2* (P2). Luciani estaba alarmado porque esta logia masónica ilegal había logrado ingresar al Vaticano. Entre sus miembros o aliados había sacerdotes, obispos y cardenales. Gente y razones de peso como para pensar mal, si las desprolijidades y contradicciones tras la muerte del Papa no fueran suficientes.

La revolución iraní

Año: *1979.*
Lugar: *Irán.*
En síntesis: *la revolución iraní fue el proceso que desembocó en el derrocamiento del discutido Sha Mohammed Reza Pahlevi y en la instauración de una república islámica.*

En este amplio y heterogéneo movimiento revolucionario fue tomando protagonismo el clero chiíta, bajo el liderazgo del Ayatollah Jomeini, quien encauzó el descontento social causado por la dictadura corrupta y de fuerte influencia norteamericana encabezada por el Sha. Largos meses de protestas desencadenaron la huida del Sha y el fracaso del intento de mantener un régimen pro-occidental bajo el primer ministro Bajtiar. Jomeini retornó desde su exilio francés el 1 de febrero de 1979 .

En los años 50, el primer ministro Mohammed Mosaddeq fue expulsado del país luego de intentar nacionalizar los recursos petrolíferos. El Sha Mohammed Reza Pahlevi comenzó entonces, apoyado por Estados Unidos y el Reino Unido, una modernización de la industria que iba de la mano con la eliminación de toda oposición a su régimen mediante su policía política. La temible SAVAK se encargaba de monitorear todas las actividades de la población civil. Los planes modernizadores del sha, en la denominada «Revolución Blanca», incluían también una reforma agraria, con la participación de los asalariados en los beneficios de las industrias, el voto de la mujer, una campaña de alfabetización y también el intento de crear una visión del Islam favorable a estas reformas.

Sin embargo, esa modernización no tuvo en la población el efecto esperado: una franja importante de ella se empobreció notablemente, mientras que la oligarquía dominante vio crecer sus riquezas. A su vez, la dureza política y el aumento de la represión ayudaban también a que creciera el descontento popular. El clero chií, contrario a los aspectos occidentalizantes del régimen, supo aprovechar para sí este descontento generalizado: si bien existían organizaciones opositoras laicas como el Partido Tudeh, de extrema izquierda, y el Frente Nacional, socialdemócrata, los chiítas contaban con el apoyo de una buena parte de la población del país, y se constituyeron así en el principal adversario de la monarquía del Sha, que como dijimos tenía sus vigilantes nada compasivos.

Repercusiones
Según Eric Hobsbawm, la Revolución iraní fue la primera contemporánea no enraizada en las ideas de la ilustración europea, ni emparentada con la tradición revolucionaria occidental inaugurada por la Revolución francesa. En el aspecto económico, la revolución iraní fue uno de los detonantes de la «Segunda crisis del petróleo», que tuvo lugar entre 1979 y 1981.

Todo intento de sublevación era reprimido por el poder de la SAVAK. A este grupo policial se le atribuyen desapariciones y muertes durante el reinado del Sha. Tenía métodos de tortura y represión que iban desde quemar los párpados de sus víctimas hasta lanzarlos contra planchas de hierro al rojo vivo para quemarlos. Entre los detenidos se destacaban numerosos intelectuales. Estaba prohibido conversar públicamente sobre temas vinculados al Sha o a la dictadura, y los vigilantes actuaban así como una especie de policía del pensamiento.

153

Esta opresión, sumada a la desproporción social y económica que vivía Irán en la década de los 70, provocó la caída del último líder de la dinastía Pahlevi.

A fines de esa década se sucedieron una serie de manifestaciones que fueron fuertemente reprimidas; el deseo de un cambio se expandía. El Sha prometió entonces emprender reformas políticas, pero ya era demasiado tarde.

El descontento era tan generalizado que se exigió su renuncia. El Ayatollah Jomeini, quien había estado exiliado en Irak desde 1964, de donde había tenido que marcharse hacia Francia por tensiones políticas, se convirtió en portavoz de la oposición al régimen del Sha, y en el futuro líder de Irán.

Triunfa la Revolución
Sandinista

Año: *1979.*
Lugar: *Nicaragua.*
En síntesis: *el 19 de julio de 1979 triunfaba el proce-
so revolucionario por el cual, el
Frente Sandinista de Liberación Nacional ponía fin a
la dictadura de la familia Somoza.*

La noticia sacudió al mundo. Un frente político militar, de acción guerrillera
y ciudadana, deponía en Nicaragua al último representante de una casta de
dictadores. El Frente Sandinista había tomado su nombre de Augusto César
Sandino, líder guerrillero que luchó contra la invasión estadounidense a su
país entre 1927 y 1933. El depuesto era Anastasio Somoza Debayle. Lo sus-
tituiría un gobierno de perfil progresista y de izquierda. Cuando los guerrilleros entraron en Managua, la población los recibió con vítores.

Durante los años 30, con apoyo de los Estados Unidos y luego de un
período de guerrillas protagonizadas por Augusto C. Sandino que fueron
finalmente sofocadas, llegó al poder en Nicaragua Anastasio Somoza
García, hombre de confianza de Washington. De esta forma se dio
comienzo a la dictadura de la familia Somoza que, auspiciando los intereses de su principal apoyo, los Estados Unidos, logró instaurarse durante años en el país.

A comienzos de la década del 60, los ideales de izquierda y las luchas
por la liberación de los pueblos colonizados se extendían y daban resultados en todo el mundo. En 1959 entraban en La Habana, Cuba, las tropas revolucionarias que luchaban contra la dictadura de Batista, y
establecían un gobierno revolucionario. En Argelia se formaba el Frente
de Liberación Nacional para luchar por la independencia de Francia, su
metrópoli. En Nicaragua, los diferentes movimientos contra la dictadura
somocista iban a dar como resultado la constitución del Frente de Liberación Nacional de Nicaragua, que luego sería el Frente Sandinista de

Liberación Nacional, que no tenía vinculación con ningún partido existente en el país.

El apoyo popular a los sandinistas creció considerablemente a comienzos de la década del 70, tanto en las ciudades (en centros educacionales y de trabajo) como en zonas rurales. Unos años después, también los líderes económicos del país y de la Iglesia Católica comenzaron a alinearse en contra de la dictadura somocista. Con la formación de un movimiento de oposición, apoyado por el Partido Demócrata de los Estados Unidos y el gobierno de Jimmy Carter, se forzó al gobierno a realizar algunos cambios. Pero el 10 de enero de 1978, el líder de este movimiento de oposición, Pedro Joaquín Chamorro, fue muerto en un asesinato que se atribuyó al régimen somocista, y que desató un gran malestar entre las clases medias y empresariales.

Con una insurrección generalizada, las fuerzas guerrilleras del Frente Sandinista de Liberación Nacional tomaron el Palacio Nacional y negociaron la liberación de presos políticos, y difundieron una exhortación a la población a que se levantara contra la dictadura. En marzo de 1979, las diferentes fracciones sandinistas firmaron un acuerdo de unidad. En junio se hizo el llamamiento a la «Ofensiva Final» y se convocó a una huelga general. Mediante la Organización de Estados Americanos, Estados Unidos intentó frenar el avance del sandinismo, pero no obtuvo el apoyo necesario de los países latinoamericanos. Luego de varios intentos fracasados, Estados Unidos se vio obligado a pedir la renuncia de Anastasio Somoza Debayle para controlar la situación. Éste abandonó Nicaragua el 17 de julio de 1979. Dos días después, el Frente Sandinista de Liberación Nacional entraba en Managua y asumía la responsabilidad del gobierno.

Vidas perdidas
Entre 1972 y 1991, se estima que hubo en Nicaragua unas 65.000 muertes; 35.000 se produjeron durante la lucha contra el somocismo, por las cuales se responsabiliza a Anastasio Somoza Debayle, y las restantes, durante el período de gobierno del Frente Sandinista para la Liberación Nacional, debido al conflicto abierto con quienes estaban en contra. Estados unidos debió afrontar un escándalo cuando se descubrió que financiaba a los «contras», paramilitares que atentaban contra la revolución.

155

La guerra Irán-Irak

Años: *1980-1988.*
Lugar: *Irán e Irak.*
En síntesis: *con orígenes en la vieja animosidad ára-be-persa, la guerra entre ambas naciones tuvo en vilo al mundo, y fue una de las causas de la «crisis del petróleo».*

El conflicto surgió por una antigua disputa territorial sobre las márgenes del río Shatt al-Arab, formado por la confluencia del Tigris y el Eúfrates, zona rica en petróleo. Otro factor importante fue el temor de Saddam Hussein de que el régimen islámico de Teherán alentara la rebelión entre la importante población chiíta iraquí. Saddam tuvo también en cuenta el aislamiento internacional del régimen del Ayatollah Jomeini, entonces enfrentado a Estados Unidos y a la URSS. La guerra no devino en cambios de fronteras.

En septiembre de 1980, Irak lanzó sobre la provincia de Juzestán un ataque, llamado «Operación Kaman 99», que, pese a conseguir avances de alrededor de 80-120 km, no fue suficiente para doblegar la resisten-cia de las milicias iraníes, formadas por los Guardianes de la Revolución. En ese momento, el gobierno iraní llamó a los jóvenes de su país a acu-dir al frente como voluntarios: cerca de 100.000 soldados y 200.000 milicianos se presentaron en poco tiempo. De este modo, lo que los ira-quíes esperaban que fuera una guerra relámpago se tornó un conflicto de desgaste en un frente de 300 km.

Ambas partes aprovecharon la ayuda extranjera en armamentos: Irak fue apoyado por Arabia Saudita, Kuwait y otros estados árabes que también estaban históricamente en conflicto con los persas, y fue implícitamente apoyado por Estados Unidos y la Unión Soviética. Irán, por su parte, contó con el apoyo de Siria y Libia, estados árabes enfrentados a Saddam Hussein.

En 1982, las tropas iraquíes fueron expulsadas de la mayor parte de Irán. Sin embargo, este país rechazó la posibilidad de comenzar un proceso de paz, continuando una guerra que pensaba que podría ganar. Entre 1982 y 1987, Irán organizó una ofensiva a lo largo de la frontera, sobre todo en el sur, donde el principal objetivo era la conquista de Al Ba'ra y el corte de la carretera que une Bagdad con Basora. El país persa comenzó entonces a utilizar gran cantidad de infantería pobremente armada. En este tipo de guerra de desgaste Irán tenía una ventaja sobre su enemigo, pues contaba entonces con 54 millones de habitantes, mientras que Irak sólo tenía 18 millones.

El conflicto entre Irán e Irak es comparado en su aspecto armamentístico con la Primera Guerra Mundial: se utilizaron las mismas tácticas, incluyendo el fuego de trinchera a gran escala, nidos de ametralladoras, cargas de bayoneta, uso de alambre de púas atravesando trincheras, oleadas de ataques atravesando la tierra de nadie y el uso extensivo de armas químicas como el gas mostaza. Pese a ser visto como un freno a la expansión del islamismo radical del Ayatollah Jomeini, el régimen de Saddam Hussein empezó a ser cuestionado internacionalmente ante la evidencia de la utilización de estas armas químicas, no sólo contra los iraníes sino también contra la propia población kurda del norte de Irak.

Petróleo y armas
El Consejo de Seguridad de las Naciones Unidas debatió sobre el uso de las armas químicas a propósito de este conflicto. La comunidad internacional guardó silencio sobre el uso que de ellas hacía Irak, y Estados Unidos previno a la ONU de condenar a este país. Luego saltó un escándalo al descubrirse que el gobierno de Reagan le vendía misiles a Irán y con ese dinero financiaba a los «contras» de Nicaragua. Aquella fue una guerra con olor a petróleo, tráfico de armas, especulaciones ideológicas y operaciones de inteligencia.

Finalmente, las dificultades económicas que sufría Irán, agravadas por la guerra, terminaron por sacar al Ayatollah Jomeini de su negativa a cualquier tipo de acuerdo negociado.

En agosto de 1988, Irán aceptó un cese del fuego que había sido previamente elaborado por las Naciones Unidas. La guerra terminó en un práctico empate; las pérdidas humanas fueron enormes. Se habla de un millón de bajas, pero hay fuentes que doblan esa cifra. Irán fue quien sufrió más duras pérdidas.

La Guerra de Malvinas

Año: *1982.*
Lugar: *Islas australes, Argentina.*
En síntesis: *entre el 2 de abril y el 14 de junio de 1982 tuvo lugar esta guerra entre Argentina y el Reino Unido, con escenario en las islas Malvinas, Georgias del Sur y Sándwich del Sur.*

Impensadamente, las tropas argentinas desembarcaron en las Islas Malvinas, en poder del Reino Unido desde 1833. Argentina, por derecho internacional, considera a las islas parte de la Provincia de Tierra del Fuego, Antártica e Islas del Atlántico Sur. El costo en vidas fue de 649 militares argentinos, 255 británicos y 3 civiles isleños. La derrota en el conflicto precipitó en Argentina el fin de la dictadura militar imperante desde 1976. En el Reino Unido, la victoria ayudó a Margaret Thatcher a ser reelecta.

A comienzos de los años 80, el modelo económico neoliberal impuesto con fuerza y violencia por el gobierno de facto que dirigía a la Argentina desde 1976 se mostró claramente agotado e inconveniente: el país se vio sumergido en una inflación anual sin precedentes, en una profunda recesión, con la interrupción de buena parte de la actividad económica, un aumento en el endeudamiento del Estado y de las empresas privadas. Esto produjo un claro empobrecimiento de las clases medias y de la población en general, que vio cada vez más depreciado su salario real. Sumado a esto, además, el clima de violencia que había instalado el terrorismo de Estado ayudó también a generar todo tipo de tensiones sociales. Algo había que hacer, y pronto.

Leopoldo Galtieri, quien llegó al poder en 1981, escuchó la propuesta del almirante Jorge Anaya respecto de recuperar las Islas Malvinas por acción militar, con el objetivo de desviar la atención de la multitud sobre los problemas sociales que se vivían, así como de recuperar el crédito perdido en determinados sectores que podían apoyar una causa de interés nacionalista. La Junta Militar comenzó entonces a barajar la idea de invadir las islas, bajo el supuesto de que el Reino Unido no respondería en forma militar.

Luego de una escalada de tensión por el izamiento de una bandera argentina en las Islas Georgias del Sur por parte de un soldado, la Junta resolvió acelerar la fecha de invasión al 2 de abril, para evitar que los ingleses tuvieran tiempo de enviar refuerzos al territorio. Además, entre 1981 y 1982, el gobierno británico había realizado algunas acciones de tipo militar y jurisdiccional que fueron interpretadas por la Junta Militar como señales de desinterés por las islas.

Las primeras medidas tomadas por Argentina luego de la ocupación del 2 de abril tuvieron un carácter simbólico: se cambió la toponimia por versiones argentinas, se estableció el español como lengua oficial en la zona y se modificó el código de la circulación vehicular para que se condujese por la derecha, como en el territorio continental, en vez de por la izquierda, como se lo hace en Gran Bretaña.

Inmediatamente, el gobierno del Reino Unido consiguió la aprobación por parte de la ONU de una resolución que conminaba a la Argentina a devolver el territorio tomado. Luego de algunos intentos fallidos de mediación, el Reino Unido contraatacó en lo que se dio en llamar la «Operación Corporate». Contaba para ello con el apoyo de Estados Unidos e incluso de Chile. Luego de algo más de dos meses de combate, se firmó la rendición de las tropas argentinas, tras lo cual las fuerzas británicas retomaron el control de la capital malvinense. Poco tiempo después, en 1983, la República Argentina volvía a tener un gobierno elegido por vía democrática. Malvinas fue un ícono para unión latinoamericana gestada más de dos décadas después, cuando las dictaduras eran ya un doloroso recuerdo del pasado.

Dolor y polémica

El crucero General Belgrano, de Argentina, fue hundido el domingo 2 de mayo de 1982, como consecuencia de un ataque de un submarino nuclear inglés, que significó la muerte de 323 argentinos, prácticamente la mitad de las bajas totales de ese país en toda la guerra. El hecho generó polémica en ambos países, pero lo cierto es que se produjo fuera del área de exclusión establecida por el gobierno británico. Es el único caso de un barco hundido en conflicto por un submarino nuclear. Thatcher necesitaba titulares en los diarios.

159

Masacre en Sabra y Chatila

Año: 1982.
Lugar: Beirut Oeste, Líbano.
En síntesis: la masacre acaecida en el marco de una
guerra pero fuera de toda justificación y regla, me-
reció la calificación de acto de genocidio por parte
de las Naciones Unidas.

Entre el 16 y el 18 de septiembre de 1982, durante la Guerra del Líbano,
miembros de las milicias falangistas libanesas masacraron a refugiados
palestinos en los campos de Sabra y Chatila, pertenecientes a las Naciones
Unidas, en Beirut. Entre las víctimas hubo bebés, niños, mujeres y ancianos.
Las muertes fueron numerosas, además de injustificadas. Según una investigación interna israelí, la Comisión Kahan, las llamadas Fuerzas de Defensa
de Israel tuvieron responsabilidad por no haber evitado la matanza.

El 14 de septiembre de 1982, el mandatario electo del Líbano, Bashir
Gemayel, fue asesinado junto a otras cuarenta personas en la explosión
de la sede central de las Fuerzas Libanesas en Beirut. Este atentado fue
cometido por facciones pro-sirias y pro-palestinas, y fue atribuido al
agente sirio Chartouni. Para conservar su estrategia en el Líbano, que
había sido puesta en peligro por el ataque, el Ministro de Defensa israelí Ariel Sharon resolvió ocupar el oeste de Beirut al día siguiente, acción
mediante la cual se violaba el acuerdo con Estados Unidos por el que se
establecía la no invasión de Beirut Oeste.

Como resultado de la invasión israelí al Líbano y de la posterior evacuación de las tropas de la Organización para la Liberación Palestina
convenida entre las partes, los campamentos de Sabra y Chatila quedaron bajo control y jurisdicción del Ejército de Israel. Las Fuerzas de
Defensa Israelíes habían rodeado por completo el campamento de refugiados de Sabra y Chatila, del cual controlaban las entradas y salidas, y
ocuparon también un buen número de edificios como puestos de obser-
vación.

El plan israelí, convenido a su vez con unidades de la milicia cristiano-falangista del Líbano, era que los soldados israelíes controlaran el perímetro de los campamentos de refugiados y dieran apoyo logístico, y que los milicianos ingresaran a Sabra y Chatila con el fin de hallar a los combatientes en retirada de la Organización para la Liberación Palestina, para desarmarlos y entregarlos a Israel.

Luego de terminada la reunión en la que se llegó a este acuerdo, los milicianos se reunieron e ingresaron a los campos. El resultado fue entonces una masacre de palestinos que se prolongó durante más de un día entero. Por la noche, se envió un informe a la sede de las Fuerzas de Defensa Israelíes en el este de Beirut, reportando el asesinato de 14 personas, incluidos civiles. El informe fue remitido a las sedes de Tel Aviv y de Jerusalén, donde fue visto por altos oficiales israelíes. Nuevos informes de esos asesinatos llegaron allí a lo largo de la noche. Durante los dos días siguientes, los falangistas libaneses continuaron matando a los habitantes de los campamentos de refugiados palestinos de Sabra y Chatila con el consentimiento del gobierno israelí. Antes de la masacre, los soldados israelíes ya se habían repartido las bolsas destinadas a los cadáveres. El número de muertos no se ha establecido de forma del todo precisa: se dice que oscila entre varios centenares (12 a 14), pero la Cruz Roja maneja la cifra de por lo menos 2.400 víctimas.

La masacre de Sabra y Chatila despertó un gran escándalo internacional y conmovió a la opinión pública israelí, causando una profunda crisis política: se produjo en Tel Aviv la manifestación más grande de la historia del país, en la que la oposición, junto a movimientos pacifistas, exigía una investigación independiente, que fue llevada a cabo por la mencionada comisión Kahan.

La Comisión

La opinión mundial se volvió hacia Israel: ¿cómo podía consentir un genocidio? El informe de la Comisión Kahan señaló a los milicianos falangistas como autores materiales de la masacre, criticó duramente la indolencia e imprevisión de ciertos ministros y mandos militares; juzgó como una «negligencia grave» la conducta del jefe del Estado Mayor israelí, el general Rafael Eytan; consideró que Ariel Sharon había faltado a sus obligaciones y recomendó exigir su renuncia al cargo de ministro de Defensa.

161

La *Perestroika*

Año: *1985.*
Lugar: *La ex U.R.S.S.*
En síntesis: *Gorbachov inició la transformación del socialismo soviético con dos lemas: Perestroika, o reestructuración económica y política, y Glasnot, o libertad de información.*

Tras la muerte sucesiva de varios dirigentes en muy poco tiempo, los máximos órganos políticos de la Unión Soviética otorgaron el poder a Mijaíl Gorbachov, un hombre con la voluntad de introducir amplias reformas en ese conglomerado de países que transitaban desde hacía décadas su senda socialista hacia el soñado comunismo. La declaración de querer ablandar esa rígida estructura dejó a muchos con una sonrisa escéptica, pero no dejó de conmocionar al mundo entero.

162

Mijaíl Sergueiévich Gorbachov nació el 2 de marzo de 1931, en la localidad rusa de Privolnoie, Stávropol. En su juventud había trabajado en una estación de maquinaria agrícola y en 1952 ingresó en el Partido Comunista de la Unión Soviética (PCUS). Fue un alumno brillante de la Facultad de Derecho de la Universidad de Moscú; se graduó en 1955 y desarrolló una destacada actividad en las organizaciones comunistas de la región de Stávropol. Al mismo tiempo realizó estudios sobre agricultura.

En 1970 fue nombrado primer secretario del comité local del partido, y un año después se convirtió en miembro del Comité Central. En 1978 accedió al secretariado y en 1979 al *politburó*, del que se convirtió en miembro con derecho a voto al año siguiente. Su influencia política se incrementó durante los períodos de liderazgo de Yuri Andrópov y Konstantin Chernenko, entre 1982 y 1985. Tras la muerte de este último, en marzo de 1985, Gorbachov ocupó el cargo de Secretario General del PCUS, y así se situó en la cúpula del poder.

Impulsó los programas de reforma de la economía (*Perestroika*) y de transparencia informativa (*Glasnot*), basados en la agilización de los organismos de gestión, en la introducción de elementos de mercado, en una mayor libertad de prensa y en la intensificación de las relaciones con los países de libre empresa. En política exterior fomentó el diálogo con los Estados Unidos, con la propuesta de reducir el armamento nuclear en Europa. Como resultado de ese diálogo, en 1987 firmó con el presidente Ronald Reagan un tratado para destruir los proyectiles nucleares de alcance intermedio. En 1988 ordenó la salida de las tropas soviéticas que habían intervenido en Afganistán en 1979.

En enero de 1987 se cristalizaron las reformas políticas de Gorbachov con la inclusión de varios candidatos para las elecciones, con el nombramiento de personas externas al Partido en cargos en el gobierno y con cambios de personal en los ministerios.

En junio se aprobó una nueva ley que otorgaba a las empresas más independencia, y en noviembre, Gorbachov publicó el libro *Perestroika: un nuevo pensamiento para nuestro país y el mundo*, donde elucidaba sus principales ideas para la reforma. Ese mismo año fueron rehabilitados muchos opositores de Stalin.

Tras la política
La publicidad de una elegante marca de carteras y bolsos de viaje, protagonizada por Mijail Gorbachov, fue seleccionada en 2009 como uno de los mejores anuncios de publicidad impresos. El mensaje era «Viajes personalizados». Gorbachov sentado en una limusina, pasaba a lo largo del muro de Berlín con un bolso de la marca a su lado. Su primer anuncio publicitario fue en 1997. Junto con su nieta de diez años actuó en un comercial de un restaurante de franquicia de pizzas, hecho para la televisión.

163

La *Perestroika*, al introducir mayor libertad de empresa y dejar actuar al mercado para corregir los defectos de la planificación, pretendió sacar a la economía soviética del estancamiento en el que estaba.

Pero estas reformas no tuvieron resultados positivos inmediatos porque desorganizaron más el sistema productivo y profundizaron el empobrecimiento de la mayor parte de la población. Todo ello creó tensiones sociales, agravadas por los intereses político-económicos que se veían afectados por las medidas.

Asesinato de Olof Palme

Año: *1986.*
Lugar: *Estocolmo, Suecia.*
En síntesis: *el 28 de febrero de 1986, el Jefe de Gobierno de Suecia fue abatido a tiros por un desconocido. Había salido del cine. Era un viernes y caminaba junto a su mujer.*

Había nacido en la misma Estocolmo el 30 de enero de 1927. Jefe de Gobierno de Suecia desde 1969 y figura de la socialdemocracia, Palme fue defensor de la coexistencia pacífica, aliado importante del Tercer Mundo, y militante opositor del neoliberalismo. Hombre de ideas avanzadas, intervino en África apoyando al SWAPO y contribuyendo a la lucha contra el *apartheid*. Cuando aún ejercía el cargo de Primer Ministro fue asesinado por un desconocido que huyó. La autoría y el móvil del delito aún están sin resolver.

Sven Olof Joachim Palme, líder del Partido Socialdemócrata de Suecia, fue electo Jefe de Gobierno de su país en dos ocasiones. La primera de ellas se desempeñó en el cargo entre 1969 y 1976; la segunda, entre 1982 y 1986.

Palme fue un fervoroso crítico de la actuación de Estados Unidos en la guerra de Vietnam, defendió el derecho al estado propio del pueblo palestino y apoyó a Fidel Castro y a Salvador Allende. Conformó junto a dirigentes políticos neutrales de cuatro continentes el Grupo de los Seis, cuya tarea fundamental fue el desarme. Se comprometió profundamente con los países del Tercer Mundo, y se opuso a las dictaduras de todo tipo. También fue mediador de la ONU en un período de la guerra entre Irán e Irak, e intervino en África apoyando al SWAPO (Organización de los Pueblos del África del Sudoeste) en la lucha contra el régimen del *apartheid* al que estaba sometida la población negra de ese país. Esa organización más tarde ganó las elecciones en Sudáfrica. Esa noche de febrero de 1986, a las 23:21 h, Palme caminaba por una calle de Estocolmo hablando con su mujer tras haber salido del cine. Un desconocido se acercó, le disparó y huyó. El Primer Ministro falleció minutos después.

El pueblo sueco quedó sumido en una profunda conmoción. El lugar del atentado fue cubierto de rosas rojas, símbolo del Partido Socialdemócrata. Su asesinato sigue sin resolverse, pero se barajan varias teorías en torno a él. Luego del hecho se formaron en Suecia tres comisiones gubernamentales para esclarecerlo. Se siguieron varias líneas de investigación: la responsabilidad del Partido Obrero del Kurdistán, opositor a Palme; la culpabilidad de un extremista de derecha sueco; de un pariente del dictador Pinochet; de la alemana Fracción del Ejército Rojo (que asumió la responsabilidad por el asesinato de Palme a través de llamadas telefónicas a una agencia de noticias londinense); un complot de los servicios secretos yugoslavos, ingleses, de la CIA y también de un grupo sudafricano. Lo cierto es que Palme era un líder incómodo para el imperialismo, el fascismo internacional y los centros de poder neoliberal. En 17 años sólo ha habido un acusado, Christer Pettersson, un sueco con problemas de alcoholismo y drogadicción que fue detenido en 1988 y absuelto posteriormente por falta de pruebas.

> **Sin arma homicida**
> Uno de los elementos que no ha permitido cerrar el caso es la falta del arma homicida. Durante años la policía investigó pistolas modelo *Smith & Wesson 357 Magnum*, pero recién en 2006 se recuperó un revólver de un lago del centro de Suecia. La llamada pistola *Mockjärd* se buscaba por el asesinato y un robo, debido a que la composición química de las balas coincidía en ambos hechos. Sin embargo, las pruebas realizadas no confirman su utilización en el asesinato de Palme, debido a su avanzado estado de oxidación.

El asesinato prescribía en febrero de 2011, tras cumplirse 25 años de sucedido. Pero el Parlamento sueco decidió suprimir en el año 2010 la prescripción de los delitos graves, y el caso continúa vigente. Una división de la policía sueca llamado Grupo Palme, dedicada a la investigación del caso, denunció en 1999 la omisión de pistas e indicios respecto del crimen. El policía a cargo del caso desde 1997, Stig Edqvist, declaró en 2011 que el grupo no se disolvería hasta haber agotado todas las alternativas.

Primera Intifada

Año: 1987.
Lugar: Franja de Gaza.
En síntesis: este cruento movimiento (llamado «La guerra de la piedras») conmocionó a la población palestina global y fue condenado por la ONU en la Resolución 611.

Este enfrentamiento se dio en el marco del conflicto árabe-israelí. El 8 de diciembre de 1987, un vehículo israelí se estrelló contra una muchedumbre en un campamento de refugiados de Gaza, y mató a cuatro residentes. Los palestinos, convencidos de que había sido un ataque deliberado, se rebelaron, armados de piedras al principio, contra lo que llamaban «el ocupante israelí». El levantamiento se extendió por todo el territorio palestino. Así estalló la *Intifada*, que en árabe significa «rebeldía», «agitación».

Cabe acotar que la expresión «territorios ocupados» tiene una significación dispar, sea que la pronuncien los árabes o los israelíes. Para éstos, los territorios ocupados son la Franja de Gaza y Cisjordania; para los árabes, toda la Antigua Palestina es territorio ocupado por Israel, o al menos aquellos que capturó en la Guerra de los Seis Días, en 1967. Lo cierto es que la rebelión que nos ocupa supuso un nuevo liderazgo para la OLP, que organizó a todas las facciones bajo un solo frente y politizó a la población. Esta unificación condujo hacia los Catorce Puntos Palestinos que incluían elecciones, bloqueo de los asentamientos israelíes, la liberación de prisioneros políticos y el derecho a ser liberados de la «ocupación». El gobierno de los Estados Unidos intentó mediar a través de la iniciativa Shultz, en 1988, que exigía unas negociaciones basadas en las resoluciones 242 y 338 de la ONU. Los palestinos la rechazaron e Israel continuó con su control militar. En abril de 1988, Israel asesinó al segundo al mando de la OLP, Khalil Al-Wazir (Abu Jihad), el padrino de la Intifada. A raíz de ésta se desarrolló el movimiento Hamas, que hizo público su estatuto en agosto de 1988.

La OLP también cambió su posición, con un nuevo consenso aprobado por el Consejo Nacional Palestino (CNP) en noviembre de 1988 para aceptar la partición basada en la Resolución 181 de la ONU; aceptar la existencia de Israel; renunciar al terrorismo y hacer un llamamiento para un acuerdo basado en las Resoluciones 181 y 242 de la ONU. El CNP emitió una Declaración de Independencia de Palestina el 15 de noviembre de 1988, la cual exigía un Estado palestino con su capital en Jerusalén.

Los contactos entre palestinos e israelíes se mantuvieron a pesar de las continuas confrontaciones militares, y continuaron también los esfuerzos externos. En el llamado Documento de Estocolmo, figuras líderes de las comunidades judías de Palestina y de América expresaban su apoyo a la independencia palestina y demandaban un diálogo directo entre el gobierno de los Estados Unidos y la OLP.

El 13 de diciembre de 1988, Arafat, presidente de la OLP, presentó a la ONU una iniciativa palestina de paz, con una petición para la convención de una conferencia de paz internacional basada en las Resoluciones 242 y 338 de la ONU, una petición de presencia temporal de tropas de supervisión de la ONU en los Territorios Palestinos Ocupados (TPO) y la garantía del deseo palestino de una resolución integral al conflicto. El presidente Reagan autorizó al Departamento de Estado a iniciar el diálogo con la OLP. El primer ministro israelí, Rabin, respondió en abril de 1989 con un plan para que Israel llevara a cabo unas elecciones en los TPO con el propósito de elegir representantes para negociar con Israel sobre un plan de paz provisional. La paz parece un fruto prohibido.

Una herida permanente
La *Intifada* fue para unos agresión, y para otros rebelión genuina. El conflicto árabe-israelí es materia de permanente debate. Las cuestiones más candentes hoy son la soberanía de la estrecha Franja de Gaza y el territorio de Cisjordania; la eventual formación de un Estado palestino en esas áreas; el estatus de la parte oriental de Jerusalén, de los Altos del Golán y de las Granjas de Shebaa; el destino de los asentamientos israelíes y de los refugiados palestinos; el reconocimiento mutuo de Israel y Palestina y su convivencia en paz.

167

Caída del Muro de Berlín

Año: 1989.
Lugar: Alemania.
En síntesis: ese largo muro fue uno de los símbolos más conocidos de la Guerra Fría y de la separación de Alemania. Su caída anunció la desintegración del férreo bloque soviético.

Tras la Segunda Guerra Mundial, Estados Unidos y la Unión Soviética devinieron en enemigos, disputando sus intereses económicos y sus esferas de influencia política, ideológica y económica. La administración de la Alemania vencida había quedado en manos de los aliados occidentales por un lado, y de Moscú por el otro. En 1949 ya había dos estados alemanes de distinto signo ideológico. En el centro de la división, Berlín también habría de quedar escindida.

168

Construido por los orientales, el célebre Muro fue parte de las fronteras interalemanas desde el día 13 de agosto de 1961 hasta el 9 de noviembre de 1989. Separó a la República Federal Alemana de la República Democrática Alemana hasta ese año. En el bloque oriental, dominado por los soviéticos, el «Muro de Protección Antifascista» (*Antifaschistischer Schutzwall*) sirvió para prevenir y frenar una emigración masiva hacia el oeste.

La particular construcción se extendía a lo largo de 45 kilómetros dividiendo la ciudad de Berlín en dos; y 115 kilómetros que separaban a la parte occidental de la ciudad del territorio de la RDA. Muchas personas murieron en el intento de superar la dura vigilancia de los guardias fronterizos de la RDA y pasar al sector occidental.

Desde el 1 de junio de 1962, no se pudo entrar a la RDA desde Berlín Oeste. Tras largas negociaciones, un acuerdo de 1963 permitió que más de 100.000 berlineses del oeste visitaran a sus parientes del lado este por fin de año. A principio de la década de 1970, Willy Brandt y Erich Honecker emprendieron una política de aproximación entre la RDA y la RFA para relajar la frontera entre ambos lados de la ciudad. La RDA acordó simplificar los trámites necesarios para los permisos de viaje, en especial para la población improductiva que cobraba pensiones, y permitió a los ciudadanos de la parte oeste visitas básicas a las regiones colindantes con la frontera. Como precio para relajar más las fronteras, la RDA exigió que se le considerase un estado soberano, así como la extradición de sus ciudadanos residentes en la RFA. Estas exigencias, contrarias a la constitución de la RFA, fueron rechazadas de plano.

El Muro de Berlín cayó en la noche del jueves 9 de noviembre de 1989 al viernes 10 de noviembre de 1989, veintiocho años después de su construcción. La apertura, conocida en Alemania con el nombre de *die Wende* (El Cambio), fue consecuencia de las exigencias de libertad de circulación en la ex RDA, y las evasiones constantes hacia las embajadas de capitales de países del Pacto de Praga y Varsovia y por la frontera entre Hungría y Austria, que impuso menos restricciones desde el 23 de agosto.

> **Una grieta previa**
> El llamado «picnic paneuropeo» fue planificado por el primer ministro húngaro Gyula Horn y su colega austríaco Alois Mock, con ansia pacifista y por iniciativa húngara. Tuvo lugar el 19 de agosto de 1989. Ambos países accedieron a abrir un paso en la alambrada de la frontera, en el lado húngaro. El agujero podía permanecer abierto durante tres horas. Allí se produjo la primera grieta de la cortina de hierro. Más de 600 ciudadanos de la República Democrática de Alemania atravesaron la frontera hacia el oeste.

169

En septiembre, más de 13.000 alemanes orientales emigraron hacia Hungría. Hacia el final de 1989 comenzaron manifestaciones masivas en contra del gobierno de la Alemania Oriental. El líder de la RDA, Erich Honecker, renunció el 18 de octubre de 1989 y fue reemplazado por Egon Krenz pocos días más tarde.

Los trozos de mampostería del muro pasaron a ser vendidos como curiosidad en todo el mundo. Como símbolo del triunfo del capitalismo, lo que había sido una afrenta a la condición humana era ahora un souvenir, un producto de mercado.

La represión de Tiananmen

Año: *1989.*
Lugar: *Pekín, China.*
En síntesis: *el 4 de junio de 1989, soldados chinos reprimieron a manifestantes que durante varias semanas se habían congregado en Tiananmen para exigir reformas democráticas.*

Una serie de manifestaciones lideradas por estudiantes, trabajadores e intelectuales en la República Popular China tuvieron lugar en la Plaza Tiananmen, entre el 15 de abril y el 4 de junio de 1989. Reclamaban, entre otras cosas, derechos individuales, libertad y acceso a la propiedad privada. Tras las llamadas del Gobierno pidiendo su disolución se produjo una disputa interna en el Partido Comunista. Finalmente, el gobierno resolvió reprimir con violencia las protestas, dando como resultado el asesinato de miles de personas.

Las manifestaciones de 1989 comenzaron pidiendo la rehabilitación de Hu Yaobang, funcionario apartado del gobierno en 1987 por sus ideas liberales y democratizadoras. El 15 de abril, siete días después de la muerte del dirigente por un infarto en medio de una reunión del Partido Comunista, los ciudadanos de la República Popular China tomaron las calles para expresar diversos reclamos sin temor a la represión política, ya que tendrían lugar en el funeral de un ex Secretario General del Partido.

Durante las primeras semanas, las manifestaciones estudiantiles se mantuvieron dentro de las líneas del Partido y de lo «admisible» por el gobierno. Se hablaba de reformas universitarias, aumento de becas para los estudiantes, autorización de sindicatos libres, etc., No había críticas directas contra el sistema. El 13 de mayo, algunos estudiantes iniciaron una huelga de hambre en la plaza de Tiananmen.

A medida que más obreros e intelectuales se agregaban a la manifestación, las demandas de reforma se fueron convirtiendo en exigencias mayores, y tras la indiferencia del gobierno ante las huelgas de hambre, los estudiantes se fueron radicalizando. Al final, una parte de las manifestaciones se convirtieron claramente en un movimiento contra el Partido Comunista. Los reclamos hablaban de democratización de la universidad, de finalizar con la corrupción y de permitir más libertades a los ciudadanos. Además se protestaba respecto de la situación económica del país y la inflación, los abusos de poder por parte de los líderes políticos y la gran brecha entre ricos y pobres.

La huelga de hambre terminaba su tercera semana. Tras discutir largamente, los líderes del Partido resolvieron usar la fuerza militar para disolver el reclamo. Zhao Ziyang fue despojado del liderazgo político por su desacuerdo con la represión y su apoyo a ciertas reivindicaciones estudiantiles.

A través de la televisión y de megáfonos, se ordenó a todos los civiles de Pekín que permanecieran en sus casas. Muchos manifestantes pacíficos fueron atacados por los soldados. La plaza había sido voluntariamente evacuada en la noche del 4 de junio. Los ciudadanos construyeron barricadas en los caminos para dificultar el avance de los tanques. Y comenzó la matanza.

El gobierno chino aseguró que no se registraron bajas civiles en la plaza, pero es evidente que hubo muertes en sus proximidades. El número de víctimas sigue siendo secreto. Se habla de alrededor de 2.600 muertos y 2.000 heridos. La Universidad de Tsinghua habló de 4.000 muertos y 30.000 heridos. A los 26 días del hecho, el alcalde de Pekín informó que 36 estudiantes y decenas de soldados habían perecido, ascendiendo hasta el total de 200 muertos, y 3.000 civiles y 6.000 soldados heridos. Los reporteros extranjeros que se encontraban en Pekín afirmaron que hubo al menos 3.000 personas asesinadas.

Repercusión mediática
Muchos medios de comunicación occidentales se encontraban en Pekín con motivo de la visita del líder de la URSS, Mijaíl Gorbachov. Así pudieron cubrir, desde una privilegiada posición, la represión del gobierno chino *en directo*, especialmente la BBC y la CNN. Los manifestantes aprovecharon la ocasión para dirigirse mediante carteles a la opinión pública internacional. Los conflictos en el gobierno sobre cómo tratar las protestas facilitaron la cobertura, evitando que las emisiones fueran interrumpidas de inmediato.

Liberación de Nelson Mandela

Fecha: *1990.*
Lugar: *República de Sudáfrica.*
En síntesis: *la liberación de quien sería el primer presidente de la nueva África del Sur elegido en democracia y bajo sufragio universal, marcó el principio del fin del apartheid.*

Las presiones contra el régimen sudafricano para la liberación del líder negro fueron variadas y notorias. Rolihlahla Nelson Mandela era ya respetado en todo el mundo, y su lucha mayoritariamente apoyada y reconocida. Había nacido en el seno de una familia real de la etnia Xhosa, el 18 de julio de 1918. Huérfano a los dieciocho años, había sido criado por su primo, quien lo envió a estudiar Derecho a la universidad de Fort Hare, reservada a los negros. Y casi de inmediato comenzó su lucha por la igualdad.

En la universidad, Nelson se encontró con Oliver Tambo, su amigo que se convertiría más tarde en presidente del Congreso Nacional Africano en el exilio. Mandela fue expulsado de la universidad por agitación política, rechazó un matrimonio arreglado y viajó a Johannesburgo, donde sufrió miseria y humillación. Fue boxeador *amateur*, trabajó en una mina y como empleado de una inmobiliaria.

Terminó la carrera de *derecho* en la Universidad de Witwatersrand, donde se graduó, en 1942. Mandela y Tambo dirigían un estudio que brindaba asesoramiento legal de bajo costo a muchos negros, que de otro modo hubieran quedado indefensos. Nelson creía en la no violencia y admiraba a Gandhi.

En 1944 conoció a Walter Sisulu, miembro del Congreso Nacional Africano, al que se adhirió. Después de la creación del Partido Nacional Sudafricano en 1948, con su política de segregación racial, el *apartheid*, Mandela cobró importancia dentro del Congreso Nacional Africano con la Campaña de desobediencia civil de 1952, y en el Congreso del Pueblo de 1955, en el que la adopción de la «Carta de la Libertad» proveyó el programa principal en la causa contra el *apartheid*.

Mandela y otros 150 compañeros fueron arrestados el 5 de diciembre de 1956 y condenados a prisión. Cumplieron la sentencia hasta 1961, cuando se los declaró inocentes. Mandela cambió su orientación y entró en la clandestinidad porque se convirtió en el líder del *Umkhonto we Sizwe*, el brazo armado del Congreso Nacional Africano. Elaboró el «plan M», un proyecto secreto de movilización y luego salió del país. Recibió entrenamiento en el Frente de Liberación Argelino. Regresó a su país donde vivió bajo múltiples disfraces. Bajo la apariencia de un chofer, fue arrestado por azar en una parada del camino. Fue condenado de por vida en 1964, a la isla de Robben, y durante 17 sobrevivió en pésimas condiciones. Pasó otros 10 años más en otras dos prisiones diferentes, cumpliendo una pena total de 27 años. Ya instituido en símbolo, el gobierno de Sudáfrica rechazó todas las peticiones de que fuera puesto en libertad.

Libros, no balas
Cuando fue liberado, Mandela no cesó de predicar la paz y la moderación. «Educación antes que revolución», clamó en Soweto, en sus primeros actos públicos. En plena apertura, los prisioneros políticos fueron liberados de a poco y los exiliados regresaron al país. Se abolieron las leyes del *apartheid*, las que prohibían los matrimonios mixtos, las que vedaban a los negros adquirir tierras. Mandela ganó el premio Nobel de la Paz en 1993, y en 1994, las elecciones presidenciales.

173

Mandela era el rostro universal de la lucha contra el *apartheid*, dentro y fuera del país. En 1989, Sudáfrica tuvo un quiebre cuando el Presidente Botha sufrió un derrame cerebral y fue sustituido por Frederik Willem de Klerk. El 2 de febrero de 1990, éste levantó la prohibición que pesaba desde hacía 29 años sobre el Congreso Nacional Africano.

El 11 de abril anunció la liberación de Mandela. Ni la prisión ni la persecución de más de treinta años habían doblegado sus convicciones. Amante de la libertad y la democracia, llegó a decir: «Si quieres hacer las paces con tu enemigo, tienes que trabajar con tu enemigo. Entonces él se vuelve tu compañero». Por supuesto tuvo críticos y fue tildado de "tibio". Pero fue el protagonista de una verdadera revolución.

El milagro de Internet

Años: *inicios de la década de 1990.*
Lugar: *el ciberespacio.*
En síntesis: *La World Wide Web (www) es un sistema de distribución de información basado en hipertextos o hipermedios vinculados y accesibles a través de Internet.*

El salto fundamental en el progreso técnico de la comunicación es la convergencia de todos los adelantos: el teléfono, la radio, la televisión. Ellos se integraron en la base más amplia de la informática o la computación, que sustenta el fenómeno de la digitalización de todo lo que son señales electrónicas, llevadas a cada rincón del mundo de los procesadores de datos. Hoy no concebimos las comunicaciones sin la informática y sin la digitalización del flujo de información.

La historia de la Internet es significativa porque nació de necesidades y previsiones militares. Su origen es la *arpanet*, una red creada a mediado de los años 70 para unir los ordenadores militares en Estados Unidos y prever un ataque que destruyera información. De los medios militares pasó a los civiles. Con la red se relaciona el concepto de «autopistas de la información», con el que se alude a la transformación del flujo de la información del mundo en un flujo digitalizado en la red.

En el ámbito de las comunicaciones inmateriales digitalizadas, el gran protagonista técnico de los años 90 es el desarrollo de la gran red mundial de actividad informacional y mercantil que constituye la Internet. Ésta (o simplemente, Internet) es el flujo por la red telefónica de la información contenida en un alto número de grandes ordenadores, los nodos de la red, verdaderos núcleos donde la información entra y desde donde sale hacia todos aquellos dispositivos que están conectados con la red a través de los servidores, mediante una disposición en páginas virtuales, cuyo conjunto constituye la *World Wide Web* (www). La Web fue creada en 1990 por el inglés Tim Berners-Lee, mientras trabajaban en el CERN (Organización Europea para la Investigación Nuclear) en Ginebra, Suiza. Con la ayuda de Robert Cailliau, Tim publicó una propuesta más formal para la *World Wide Web* el 6 de agosto de 1991. En las Navidades de ese año, Berners-Lee había creado todas las herramientas necesarias para que una web funcionase: el primer navegador web, el primer servidor web y las primeras páginas web que al mismo tiempo describían el proyecto.

Este sistema de transmisión se contiene en unos protocolos a los que deben ajustarse todas las informaciones que intenten incorporarse o extraerse de la red. Alcanza con tener una computadora conectada a la red telefónica y usar un servidor de acceso para formar parte de la red. Actualmente es conglomerado de texto, imágenes, sonido y la combinación de las tres cosas lo que ha llevado a los multimedia a la red. La conexión a Internet se ha convertido en un elemento básico para la mayoría de las actividades de la vida económica, social y científica. Empresas industriales y comerciales, instituciones públicas, universidades y centros de investigación, bibliotecas y museos, envían su información y la hacen circular mediante la web. La vida financiera internacional y el tráfico de capitales están canalizados en la red y son una clave de la globalización. Las grandes empresas que facilitan contenidos o que ayudan a la búsqueda de ellos son una actividad industrial y cultural creciente.

Esta forma de comunicación no es solamente un vehículo, ya que es posible que a corto plazo cambie el concepto mismo de comunicación, de escritura, de transmisión de la cultura y se modifiquen también todos los soportes donde se acumula la memoria humana, al reforzar aun la idea de «memoria exenta» que introdujo el sistema de memoria del ordenador.

La nueva socia
El mundo de las máquinas y sistemas digitales es el ámbito de los cambios radicales en la ciencia, la tecnología y la regulación de la vida de las sociedades del presente. El desarrollo de la informática tiene una velocidad exponencial en las técnicas y aparatos que la sustentan. La tecnología queda constantemente obsoleta y uno de los fundamentos de la industria informática actual es la administración y control de sus adelantos en el mercado. La vida toda transcurre a través de la web.

175

La Guerra del Golfo

Años: *1990-1991.*
Lugar: *Irak, Kuwait y Arabia Saudita.*
En síntesis: *una coalición de 34 países atacó Irak como respuesta a la invasión de Kuwait. Merced a la desigualdad tecnológica, las fuerzas iraquíes fueron rápidamente derrotadas.*

A raíz de la invasión de Irak a Kuwait, en agosto de 1990 la ONU le impuso severas sanciones a los iraquíes. Estados Unidos aprovechó la situación para intervenir en el país petrolero y, a la cabeza de una coalición internacional, atacaron a las fuerzas de Saddam Husein en enero de 1991. Los combates se desarrollaron en Irak, Kuwait y en la frontera del primero con Arabia Saudita. También se lanzaron misiles sobre Israel. La superioridad aérea fue demoledora, y la fuerza aérea de la coalición demolió al ejército iraquí.

La coalición contra Irak, encabezada por los Estados Unidos, estaba conformada por 34 países, entre los que cabe destacar a Francia, Italia, Reino Unido, España y la Liga árabe, entre otros. Para el ataque a Irak se constituyó un ejército de casi un millón de hombres, una flota de 100 embarcaciones, 2.000 tanques y 1.800 aviones. El general Norman Schwarzkopf, del ejército norteamericano, fue designado comandante a cargo de todas las operaciones. Las tropas de Saddam Husein ascendían a más de 500.000 hombres, 4.500 blindados y 700 aviones. Los iraquíes poseían también misiles *Scud* y plataformas de disparo móviles que podían lanzar los cohetes desde distintos lugares y eran difíciles de localizar.

En agosto se desarrolló la operación «Escudo del desierto». Este primer movimiento de las fuerzas de la coalición tuvo como objetivo la defensa de Arabia Saudita ante una posible ofensiva iraquí, y duró hasta el 16 de enero. Al día siguiente comenzó la operación «Tormenta del desierto», ofensiva contra las fuerzas de Saddam Husein. Desde sus posiciones en el Mar Rojo y el Golfo Pérsico, la flota de la coalición abrió fuego.

Se lanzaron 100 misiles *Tomahawk* sobre gran cantidad de objetivos: palacios presidenciales, el cuartel general de la fuerza aérea iraquí, la sede del partido Baaz (liderado por Husein), la estación central de televisión y diferentes ministerios. Prácticamente la mitad de la fuerza aérea iraquí resultó destruida durante los primeros días de la ofensiva. El 30 de enero los iraquíes tomaron la ciudad saudita de Khafji luego de un ataque con artillería. En los enfrentamientos, los marines norteamericanos perdieron 12 hombres. La aviación iraquí realizó algunas misiones, pero poco podía hacer ante la superioridad tecnológica de sus enemigos. A lo largo de la campaña, los iraquíes lanzaron sus misiles *Scud* contra Israel y Arabia Saudita, por lo que la fuerza aérea de la coalición dedicó grandes esfuerzos a ubicar y destruir las plataformas móviles desde las que se lanzaban los misiles, y se desplegaron baterías de antimisiles *Patriot* en los países atacados. Lograda la superioridad aérea, se intensificaron los ataques para obligar a Husein a retirarse de Kuwait y rendirse. Todas las ciudades de Irak fueron bombardeadas y sufrieron graves daños. Los aliados lanzaron una cantidad de explosivos comparable con ocho bombas atómicas como la de Hiroshima. En los ataques, también fueron dañados objetivos no militares y murieron miles de civiles. Los resultados de la campaña aérea fueron terribles para Irak.

Genocidio encubierto
Los resultados de las sanciones impuestas a Irak tras la guerra son contundentes. Según UNICEF, entre 1991 y 2000 han muerto más de 500.000 niños por falta de alimentos y medicamentos. Aparte de esta tragedia, cabe mencionar que los indicadores económicos y sociales del país retrocedieron a los niveles anteriores a la época de la comercialización del petróleo propio (1950). La expectativa de vida de los iraquíes se redujo, en sólo una década, de 66 a 57 años.

177

El avance terrestre fue veloz y encontró escasa oposición. A los dos días de iniciada la penetración en Irak, el ejército de Husein se derrumbó. Más de 100.000 soldados se entregaron, además de que ya se venían produciendo deserciones masivas. El 28 de febrero, cuando las fuerzas terrestres se hallaban a 150 km de Bagdad, Saddam Husein se rindió y aceptó las durísimas condiciones impuestas por la ONU.

Firma del START

Año: 1991.
Lugar: Moscú, Rusia.
En síntesis: el *Tratado de Reducción de Armas Estratégicas*, firmado el 13 de julio de 1991, tuvo como objetivo la autolimitación del número de misiles nucleares que poseían Rusia y Estados Unidos.

El Tratado fue fruto de un acuerdo bilateral alcanzado entre las dos principales potencias nucleares de la época. El diálogo abierto entre ambos países, que había generado previos tratados y acuerdos internacionales, entre ellos los SALT, garantizó el mutuo acuerdo de control y limitación de las armas a fin de evitar una guerra nuclear. Mijaíl Gorbachov y George Bush realizaron el acuerdo cinco meses antes del colapso de la Unión Soviética. Su importancia fue trascendental para frenar la carrera armamentística.

La llamada Guerra Fría, iniciada en 1945, consistió en una tensión constante entre potencias sin que ninguna iniciara ataques. Tanto la URSS como EE. UU. se preocuparon por acrecentar sus arsenales bélicos; en especial, los nucleares.

A partir de las bombas atómicas en Hiroshima y Nagasaki (1945), la carrera armamentística no se había detenido. En 1949 la URSS fabricó su primera bomba atómica. Estados Unidos realizó adelantos en el potencial de las suyas y creó en 1952 la bomba de hidrógeno, que multiplicaba el efecto de las de 1945.

Un año después, la URSS creó la suya. Posteriormente se fabricaron armas atómicas en Francia, Gran Bretaña, China y la India. Cualquiera de esos países estaba en condiciones de utilizarlas; cualquier ataque hubiera causado la respuesta del enemigo y las reacciones en cadena hubieran provocados daños inimaginables en existencia humana. En tal marco comenzaron a plantease los acuerdos y tratados internacionales para frenar esa carrera. Los primeros acuerdos fueron los SALT (Conversaciones sobre Limitación de Armas Estratégicas). El primero, SALT I, fue firmado en 1969, y el SALT II, en 1972.

En diciembre de 1987, los presidentes Gorbachov y Reagan firmaron el Tratado de Eliminación de Misiles nucleares de mediano y corto alcance (INF), primer acuerdo para reducir los arsenales nucleares que condujo a la eliminación de todos los misiles de ambas potencias. En 1990 se firmó el tratado de Fuerzas Armadas Convencionales en Europa (FACE) para equilibrar las fuerzas de los dos bloques militares. El acuerdo fue suscripto por veintiocho países de Europa Occidental y Oriental.

Pero fue en julio de 1991 cuando Gorbachov y Bush firmaron el START (*Strategic Arms Reduction Treaty*), que implicaba la reducción de armas estratégicas, y que comprometía a ambas potencias a reducir sus arsenales de 10.000 a 6.000 cabezas nucleares, y sus bombarderos estratégicos y misiles balísticos a 1.600. También el tratado afectaba a misiles balísticos intercontinentales con base terrestre y misiles balísticos con base en submarinos y bombarderos.

El acuerdo establecía limitaciones en la cantidad de vehículos y cabezas nucleares, y afectó a algunas de las nuevas repúblicas que ya se desmembraban de la URSS. Fue el fin de lo que los estadounidenses llamaron *brinkmanship*, la política de al borde del abismo. El acuerdo fue superado en 1992 con la firma del START II entre Bush y el nuevo líder ruso Yeltsin. En 2010, un nuevo acuerdo, el START III, fue firmado por los líderes de ambos países, con una vigencia de 10 años. Más allá del escepticismo o la probabilidad de un "doble juego" por parte de los firmantes, es innegable que el tema reclama actitudes responsables y compromisos veraces. La supervivencia humana es el principal bien en juego.

> **El contexto**
> La Guerra Fría permitió la distensión en las relaciones internacionales. Las dos superpotencias reconocieron luego su interés común de controlar la extensión y la proliferación de armas nucleares. En la actualidad, el «poder de policía» de las grandes potencias respecto de qué naciones deben desarrollar su energía atómica es objeto de discusiones. Para muchos, bajo la excusa pacifista se esconde la voluntad de monopolizar la investigación y el uso de una fuente de energía que no sólo sirve para las armas.

179

Guerra en los Balcanes

Años: *1991-1995.*
Lugar: *Península de los Balcanes.*
En síntesis: *fue el conflicto producido entre los estados de Croacia, Eslovenia, Macedonia y Bosnia-Herzegovina contra las tropas federales de la República de Yugoslavia.*

La complicada historia de esta región, caracterizada por las frecuentes divisiones y subdivisiones de los Estados desde la segunda mitad del siglo XIX, ha dado origen al término «balcanización», como un concepto geopolítico que describe el proceso de fragmentación o división de una región o Estado en fragmentos más pequeños que son, por lo general, mutuamente hostiles o no cooperan entre sí. El conflicto en esa zona específica incluyó conceptos extremos, tales como el de purga o limpieza racial.

Para comprender el problema es necesario remontarse al año 1912, en el momento en que Turquía le hizo frente a Italia porque Grecia, Bulgaria, Serbia y Montenegro declararon la guerra al imperio otomano. Por el Tratado de Londres, firmado al año siguiente, Turquía tuvo que ceder casi la totalidad de sus territorios europeos y la isla de Creta. En 1913, las disputas sobre los territorios tomados al imperio turco llevaron a una guerra entre Bulgaria y sus antiguos aliados, a los que se añadieron Rumania y Turquía. Por la Paz de Bucarest, Bulgaria perdió la mayor parte de los territorios.

El asesinato del archiduque Francisco de Austria en Sarajevo, el 28 de junio de 1914, desencadenó un conflicto internacional que llevó al estallido de la Primera Guerra Mundial, causada en primer lugar por la rivalidad entre Rusia y Austria por sus respectivas áreas de influencia sobre los Balcanes. Serbia, Montenegro, Rumania y más tarde Grecia se alinearon en el bando de los aliados, mientras Bulgaria y el imperio turco lo hacían con las potencias centrales. La derrota de éstas significó una nueva repartición de los Balcanes. Se formó el reino de Yugoslavia con diversos territorios austríacos y con las regiones de Serbia, Montenegro y Macedonia.

Los problemas territoriales nunca resueltos motivaron que la península balcánica se convirtiera de nuevo en escenario de conflictos durante la Segunda Guerra Mundial. Salvo Turquía, que permaneció neutral, el resto de los países balcánicos ingresó en la lucha. Italia, que se había apoderado de Albania en la década anterior, atacó a Grecia. Alemania intervino y con el apoyo de tropas búlgaras, húngaras e italianas, invadió Yugoslavia y Grecia. La península balcánica quedó dividida en dos zonas de influencia: Grecia y Turquía se convirtieron en miembros de la OTAN, mientras el resto de los países, Yugoslavia, Albania, Bulgaria y Rumania, quedaron adscriptos al campo socialista. Albania y Yugoslavia se desvincularon posteriormente del bloque formado por el Pacto de Varsovia.

Entre 1991 y 2001 se sucedieron las Guerras de Yugoslavia. Comprendieron dos grupos de guerras sucesivas que afectaron a las seis ex repúblicas yugoslavas. Se caracterizaron por los conflictos étnicos, principalmente entre los serbios por un lado y los croatas, bosnios y albaneses por el otro; aunque también en un principio entre bosnios y croatas en Bosnia-Herzegovina.

El conflicto obedeció a causas políticas, económicas y culturales, así como a la tensión religiosa y étnica. Su faceta más grave se produjo en Bosnia, donde el conflicto se desarrolló en torno a masacres, limpieza étnica y graves violaciones al derecho internacional humanitario. Terminó con la fragmentación del país, con 200. 000 muertos y con miles de refugiados. La pasividad de las grandes potencias o su lentitud para intervenir tienen también su cuota de responsabilidad en estos acontecimientos.

Llamado de atención
El 28 de junio de 1992, el presidente francés François Mitterrand se desplazó sin previo aviso y sin que nadie lo esperara a Sarajevo, escenario central de la guerra en los Balcanes que en lo que quedaba del año se cobraría 150.000 vidas más. Su objetivo era hacer presente a la opinión mundial la gravedad de la crisis de Bosnia. Eligió esa fecha para el viaje como advertencia. El 28 de junio era el aniversario del famoso asesinato en Sarajevo, del archiduque Francisco de Austria-Hungría, en 1914.

Nace la Unión Europea

Año: *1992.*
Lugar: *Maastricht, Holanda.*
En síntesis: *el 7 de febrero de 1992 se creó la Unión Europea, una organización que agrupaba a 27 Estados de dimensiones, desarrollo e incluso formas de gobierno distintas.*

Los Estados firmantes se comprometían a crear un mercado único en todos sus ámbitos; garantizar la libre circulación de bienes y personas (constituyendo el espacio económico más grande del mundo); llevar a cabo una unión monetaria, creando una moneda común destinada a sustituir las nacionales en una fase posterior; realizar una política exterior comunitaria y desarrollar una intensa cooperación en asuntos internos. Su surgimiento implicó un cambio en los esquemas mundiales de poder.

182

En 1957 se llevó a cabo la firma de los dos Tratados de Roma de 1957 entre Francia, Alemania Occidental, Italia, Holanda y Luxemburgo. El primero estableció la Comunidad Económica Europea (CEE) y el segundo, la Comunidad Europea de la Energía Atómica (CEEA). Ambos entraron en vigencia el 1 de enero de 1958, y conformaron, junto a la Comunidad Europea del Carbón y del Acero (CECA), creada con anterioridad, las primeras organizaciones internacionales y los Tratados Constitutivos de las Comunidades Europeas. Su intención era integrar a países del mismo continente para fomentar la cooperación entre sí luego de la devastadora Segunda Guerra Mundial, intentando establecer lazos de solidaridad entre las naciones y garantizando la paz.

Las tres comunidades iniciales implicaban no sólo la cooperación económica, sino también la infraestructura jurídica y funcional de los países que la integraban. Años más tarde, en 1965, los miembros de esas tres Comunidades Europeas existentes (la CECA, la CEE y la CEA), firmaron el Tratado de Fusión de los Ejecutivos, también conocido como Tratado de Bruselas. En él se creaba una única Comisión Europea y un solo Consejo que aunaría las tres Comunidades existentes. Si bien a partir de 1958 las Comunidades compartían dos instituciones (el Parlamento Europeo y el Tribunal de Justicia de las Comunidades Europeas), el Tratado de Bruselas se considera el principal antecedente de la Unión Europea.

El 7 de febrero de 1992 el Tratado de Maastricht fue firmado en los edificios Gubernamentales Provinciales, Holanda, por el Consejo Europeo, esto es, por la cumbre de los doce jefes de Estado y de gobierno de la Comunidad Europea, que, en virtud del mismo, se transformó en la Unión Europea (UE) el 1 de noviembre de 1993.

El Tratado estableció que la Unión Europea continuaría con el mercado común y con la CEE, transformada en Comunidad Europea. Además, el tratado creó la ciudadanía europea, que produjo un importante cambio social al permitir circular y residir libremente en cualquiera de los países de la comunidad, así como el derecho de votar en un estado de residencia para las elecciones europeas o municipales. También se llevó a cabo la creación de una moneda única europea, el Euro, que sería controlado por el Banco Central Europeo y que finalmente entró en circulación en 2002.

La cultura
El Tratado de Maastricht dio reconocimiento oficial a la dimensión cultural de la integración europea, ya que en él se indica que la CE tiene entre sus objetivos impulsar las culturas de los estados miembros, fomentando la unión pero preservando también la diversidad de los mismos. Además, puso de manifiesto la idea de patrimonio cultural común de las ciudades. En consecuencia, todos los años se designa a una o dos ciudades como Capital Europea de la Cultura, para mostrar su desarrollo y su vida cultural.

183

En sus inicios, la Unión Europea aunaba las tres Comunidades Europeas preexistentes bajo el complejo sistema conocido como Los Tres Pilares, es decir, las comunidades, la política exterior común y la cooperación judicial y policial. Con la entrada en vigor, el 1 de diciembre de 2009, del Tratado de Lisboa, la Unión Europea sucedió por completo a las Comunidades Europeas. Al instituir la Unión Europea y al crear una unión económica y monetaria y abrir la integración europea a nuevos ámbitos, la Comunidad accedió a una nueva dimensión política.

Alzamiento zapatista en Chiapas

Año: *1994.*
Lugar: *Chiapas, México.*
En síntesis: *el 1 de enero de 1994, el levantamiento de Chiapas tomó a México por sorpresa, y le advirtió al mundo que el tema del respeto a los indígenas no era cosa del pasado.*

El levantamiento zapatista fue una rebelión de 12 días encabezada por el Ejército Zapatista de Liberación Nacional en el estado mexicano de Chiapas. El grupo armado alcanzó difusión internacional por sus demandas de justicia y su hincapié en la desigualdad social y en la reivindicación de los derechos de los pueblos indígenas de México. La respuesta del gobierno no se hizo esperar, por lo que los zapatistas se replegaron. Sin embargo, hubo un enfrentamiento que dejó como saldo cientos de muertos.

Los orígenes político-militares del Ejército Zapatista de Liberación Nacional (EZLN) se encuentran en las Fuerzas de Liberación Nacional (FLN), una organización clandestina formada a finales de los años 60 en el norte de México y que tuvo como objetivo instaurar el socialismo en México. El gobierno los aniquiló casi por completo, pero los sobrevivientes se reorganizaron. Así, en 1983 crearon en Chiapas el EZLN, que agrupa un conjunto de comunidades indígenas y civiles que colaboraron con el proyecto revolucionario.

El primer acto público del EZLN fue la ocupación de seis ciudades en Chiapas, dando esto lugar al inicio del levantamiento zapatista en la madrugada del 1° de enero de 1994, fecha en que el gobierno se disponía a celebrar la entrada en vigor del Tratado de Libre Comercio de América del Norte, un acuerdo firmado por Canadá, EE.UU. y México que establecía una zona de libre comercio. Si bien la Comandancia General del EZLN estuvo compuesta por indígenas de la región, su vocero mestizo fue el subcomandante Marcos, quien luego se convirtió en el más conocido de los zapatistas. La gran mayoría de los integrantes del movimiento eran (y son) indígenas provenientes de distintas etnias mayas presentes en Chiapas (tzotzil, tzeltal, tojolab'al, ch'ol).

Aunque su objetivo consistía en la transformación revolucionaria de México, los zapatistas incluyeron en sus demandas trabajo, tierra, techo, alimentación, salud, educación, independencia, libertad, democracia, justicia y paz. En respuesta, el gobierno mexicano envió al ejército a reprimirlos, y se iniciaron combates entre ambas fuerzas durante once días. El número de bajas se estima en 172.

A partir del duodécimo día se produjo un acercamiento entre el gobierno y el EZLN con el fin de buscar solucionar el conflicto por la vía del diálogo, aunque desde entonces no se ha llegado a un acuerdo. Cabe recordar que la rebelión de Chiapas tiene sus raíces en la historia colonial signada por la violencia, las penurias y la expropiación de las tierras sufridas por la población indígena. En un pueblo mayoritariamente mestizo o indio, los gobiernos nacidos de la Revolución, centrados en obtener el beneficio de los terratenientes, ignoraron sistemáticamente los reclamos de los pueblos originarios. Como resultado del levantamiento fueron expulsados de Chiapas 64 ciudadanos extranjeros, en aplicación del artículo 33 de la Constitución mexicana, por ejercer actividades para las que no se les había autorizado su entrada en México. A las revueltas militares del EZLN se sucedieron una serie de respuestas por parte de efectivos militares gubernamentales y de civiles armados y agrupados en fuerzas de autodefensa (paramilitares) con diverso grado de apoyo por parte de efectivos gubernamentales. Un dato pintoresco es que el movimiento aprovechó las ventajas de difusión que le daba la Internet. Añejas reivindicaciones apelaban así a los más modernos avances tecnológicos.

Antecedentes
El Ejército Insurgente Mexicano (EIM), un movimiento campesino, se gestó en la selva Lacandona. Cuando se disolvió, algunos de sus miembros conformaron las Fuerzas de Liberación Nacional (FLN), en cuya asamblea fundacional Yáñez Muñoz, luego desaparecido, fue elegido como primer responsable, en agosto de 1969. Desde 1972 se impulsó la formación del Núcleo Guerrillero Emiliano Zapata (NGEZ), única organización de la década de 1970 que no cometió secuestros ni robos y logró crecer en la clandestinidad.

185

Rusia invade Chechenia

Años: *1994-1996.*
Lugar: *Chechenia.*
En síntesis: *la cruenta invasión rusa a Chechenia implicó la casi total destrucción de su capital, Grozni, y la muerte de miles de personas en los combates.*

La primera guerra chechena se inició cuando las fuerzas rusas intentaron recuperar el control de la República de Chechenia, en 1994. A pesar de poseer más soldados y armamento, y de haber ganado Grozni, los rusos no pudieron controlar el área montañosa del país, debido al accionar guerrillero, y el presidente ruso Boris Yeltsin declaró un unilateral alto el fuego en 1995. Muertas miles de personas, Yelstin accedió a negociar la paz con los partisanos chechenos, ante la cercanía de elecciones, en mayo de 1996.

186

En 1991, el general checheno Dzhojar Dudáiev expulsó al gobierno comunista de la ciudad capital, Grozni. En octubre hubo en el país elecciones presidenciales, en las que Dudáiev obtuvo una aplastante victoria. En noviembre de ese año, a pocas semanas de la caída de la Unión Soviética, Chechenia declaró su independencia como Estado. Sin embargo, el gobierno ruso se negó a reconocerle como tal.

Los ingusetios, vecinos hacia el oeste, por su parte, se separaron de los chechenos y constituyeron su propia república. Dudáiev formó entonces un gobierno en Grozni, pero ningún país reconoció su independencia ni invirtió en su incipiente economía.

En diciembre de 1994, el gobierno de la Federación Rusa, presidido por Borís Yeltsin, emprendió la invasión de Chechenia para detener este movimiento independentista. Grozni fue casi completamente destruida y luego ocupada por los rusos, en febrero de 1995.

En los combates murieron miles de personas. Los rusos derrocaron a los jefes que se habían rebelado e instalaron en Grozni un gobierno que respondía a sus órdenes. Dudáiev fue entonces obligado a huir, pero sus tropas, leales a su comandante, se negaron a rendirse.

En junio de 1995 los rebeldes realizaron el primer ataque terrorista fuera de Chechenia, en la ciudad de Budion-novsk, en el sur de Rusia. Un acuerdo de paz fue firmado el mes siguiente, pero su fracaso fue inmediato debido a la falta de consenso respecto de la condición jurídico-política de Chechenia.

Hacia junio de 1996, más de 40.000 perso-nas, entre ellas muchos civiles, habían muerto en el conflicto. El gobierno ruso ofreció entonces a los independentistas la plena autonomía dentro de la Federación Rusa, pero se negó a aceptar la secesión.

Mientras que algunos chechenos se mos-traron proclives a una solución que diera por terminado el conflicto, los rebeldes continua-ron con la lucha, bajo la consideración de que la única negociación posible implicaba la inde-pendencia. Más adelante, Yeltsin y el presiden-te chechenio, Zelimján Yanderbíev, acordaron un cese del fuego, aunque esporádicamente siguieron produciéndose algu-nos combates.

> **Sojuzgados**
> La primera invasión a Che-chenia había ocurrido durante el gobierno de Pedro el Grande. Después de una guerra que incluyó masacres sanguinarias, Chechenia fue incorpora-da a Rusia en 1870. Los chechenos combatieron la ocupación nazi junto al Ejército Rojo, pese a lo cual se dijo que se habían alzado contra los rusos. Así, Stalin deportó a más de un millón de cheche-nos, que pudieron volver a sus hogares tras la muerte del líder soviético.

187

En enero de 1997 se celebraron elecciones presidenciales y legislativas en Chechenia, en las que resultó vencedor el hasta entonces primer minis-tro Aslán Masjádov, que reanudó los contactos con el gobierno ruso.

Las conversaciones entre ambos países concluyeron con la firma de un tratado de paz el 7 de mayo de 1997. Con él se ponía fin al conflicto, a la vez que ambas partes se comprometían a mantener relaciones conforme a las normas del Derecho Internacional, lo que suponía en la práctica, por parte de Rusia, el reconocimiento de Chechenia como nación soberana. La cohesión forzada en la época de apogeo de la URSS, comenzaba a eviden-ciarse después en la genuina aspiración de las diversas nacionalidades a tener espacio, autoridades y cultura propias.

El Efecto Tequila

Años: 1994-1997.
Lugar: México, Países del Sudeste Asiático.
En síntesis: el llamado «Efecto Tequila», por la implicancia de México, y la crisis del sudeste asiático
fueron las dos más importantes crisis económicas
de los años 90.

Ambos fenómenos se iniciaron con una devaluación. En 1994, el peso mexicano perdió la mitad de su valor; en 1997, Tailandia dispuso una devaluación del 18 por ciento. La devaluación mexicana no sólo produjo desempleo y pobreza en ese país sino que afectó fuertemente a las economías de América Latina. Entre octubre y noviembre de 1997, una abrupta caída de la bolsa en Hong Kong se extendió por los mercados de Londres, Wall Street, Brasil y la Argentina. La globalización facilitaba estos rebotes.

188

El 20 de diciembre de 1994, el gobierno mexicano, encabezado por el flamante presidente Ernesto Zedillo, tomó una decisión que provocaría una gran crisis: devaluó el peso mexicano, que perdió la mitad de su valor en poco tiempo. La cotización del dólar pasó de 3,40 pesos a un récord de 8 pesos, para caer a 6,11 en julio de 1995. Esta devaluación provocó el llamado «Efecto Tequila», que afectó principalmente las economías de América Latina durante 1995. En la Argentina, por ejemplo, durante ese año cayó el valor de las acciones y hubo también masiva fuga de divisas.

Los capitales extranjeros entonces, en su mayoría estadounidenses, comenzaron a irse de México, donde los precios se dispararon en una inflación sin precedentes, los créditos se vieron interrumpidos, y, a causa de la crisis productiva, resurgió la desocupación.

Para enfrentar esta crisis, Zedillo recurrió a los Estados Unidos, su principal socio en el NAFTA, que puso a su disposición un fondo de 20.000 millones de dólares para garantizar a sus acreedores el cumplimiento de sus compromisos financieros en dólares. A su vez, instado por el gobierno de los Estados Unidos, Zedillo puso en marcha un severo ajuste.

A fines de 1995, la situación estaba bajo control. Pero ese año, el PBI había retrocedido, habían cerrado 10.000 empresas y la inflación era de más del 50 por ciento anual.

Por otra parte, en 1997 se desató la crisis de los países del sudeste asiático (conocida también como «Crisis del Fondo Monetario Internacional»), producto de un efecto dominó posterior a la devaluación de la moneda tailandesa.

Hubo además devaluaciones importantes en Filipinas, Singapur y Malasia, lo que repercutió también en Taiwán, Hong Kong y Corea del Sur. Pero lo que parecía ser una crisis regional se convirtió con el tiempo en la «primera gran crisis de la globalización». Sólo durante las primeras semanas, 1 millón de tailandeses y 21 millones de indonesios pasaron a engrosar las filas de los oficialmente pobres.

La abrupta caída de esas monedas ocurría en países que se habían convertido en un modelo de desarrollo. La mayoría de esos países tenía grandes déficits en sus balanzas de pagos y sus exportaciones decrecían, en un marco de caída de la demanda mundial.

> **La «ayuda» del FMI**
> El apoyo del FMI se supeditó a reformas regidas por los principios económicos neoliberales. El ajuste estructural exigido a los países golpeados por la crisis mandaba recortar el gasto público y reducir el déficit, dejar que las instituciones financieras insolventes desaparecieran y aumentaran las tasas de interés. Así, se suponía, se restauraba la confianza en la solvencia fiscal, se penalizaba a las compañías no solventes y se protegía el valor de la moneda. Sus remedios resultaban peores que la enfermedad.

189

La crisis del sudeste asiático repercutió en el resto del mundo porque se esperaba una caída de las utilidades de empresas estadounidenses y europeas, que recibirían así menos dividendos de sus filiales en Asia. También se esperaban menos exportaciones de los centros desarrollados, porque los productos asiáticos serían más competitivos. La crisis del sudeste asiático tuvo también importantes efectos en países como la Argentina, puesto que le resultaba más difícil y caro el financiamiento de la deuda pública, estimada en 20.000 millones.

La batalla de Seattle

Año: *1999.*
Lugar: *Seattle, EE. UU.*
En síntesis: *las agitadas manifestaciones contra la cumbre de la Organización Mundial del Comercio son consideradas como el primer movimiento anti-globalización.*

El 30 de noviembre de 1999, entre 40.000 y 50.000 personas autoconvoca-das , agrupadas de un modo heterogéneo y fuera del marco de cualquier partido político, se movilizaron durante tres días por las calles de Seattle para manifestarse en contra de la Organización Mundial de Comercio, has-ta hacer fracasar la llamada Ronda del Milenio. El acontecimiento tiene rele-vancia histórica, ya que se considera el inicio del movimiento alternativo a la globalización corporativa o neoliberal que dominó la década de 1990.

El 30 de noviembre de 1999, la cumbre de la Organización Mundial del Comercio (OMC) fue sorprendida en Seattle por miles de manifes-tantes que paralizaron la ciudad y lograron que de los 3.000 delegados que asistirían a la Ronda del Milenio sólo 500 pudieran acceder al Cen-tro de Convenciones.

Entre grupos ecologistas, sindicalistas y autoconvocados, la manifes-tación contó con decenas de miles de personas que se congregaron al margen de cualquier partido político. Ante la atenta y sorprendida mira-da del mundo, se manifestaron durante tres días grupos de intelectua-les, granjeros, organizaciones de derechos humanos, de justicia social, humanitarias, estudiantes, inmigrantes, feministas. La diversidad y uni-dad del movimiento fue ampliamente celebrada. La causa que los unía era común: todos compartían la posición de que el comercio debía ser equitativo, beneficioso para la población y respetuoso del medio ambiente. Por el contrario, las políticas globales dictaminadas por la OMC iban en la dirección opuesta. El objetivo era entonces bloquear la entrada del Teatro Paramount y hacer fracasar la Ronda del Milenio, una nueva reunión de negociación.

Tras una jornada de movilización, la noche del 30 las autoridades locales decretaron el toque de queda, por lo que las distintas marchas, teatros callejeros, sentadas y acciones de desobediencia civil no violenta contra la reunión ministerial de la OMC se enfrentaron a gases lacrimógenos, balas de goma, cargas policiales y arrestos masivos.

Los manifestantes fueron golpeados y detenidos a fin de «liberar el lugar». Hubo más de 500 arrestos y se fortificó un área de 50 manzanas alrededor del centro de convenciones. Sin embargo, los grupos optaron por resistir pacíficamente.

La protesta logró una increíble cobertura por parte de los medios de prensa de todo el mundo y superó todas las expectativas de magnitud y pluralismo ideológico de los difusores. Finalmente, la ceremonia de la OMC tuvo que ser cancelada.

El fracaso de la cumbre del comercio mundial quedó para la historia como fecha del primer movimiento anticapitalista y antineoliberal; y como una batalla ganada.

La sociedad civil surgió por primera vez como concepto, y partir de la batalla de Seattle emergió como una tercera fuerza global a la par de los negocios internacionales y los gobiernos. Luego de su surgimiento se produjo una bisagra en el proceso de globalización corporativa. Desde entonces se obligó al poder a tener en cuenta las propuestas vinculadas a los derechos humanos, el trabajo, el ambiente, y la distribución de la riqueza.

La «batalla de Seattle» sentó las bases de una estrategia global común, que implica diversidad, unidad de acción y una clara estrategia de movilización para asumir los desafíos sociales presentes y por venir.

> **Indymedia**
> La manifestación dio el puntapié para la creación de una posterior red global para la contrainformación posibilitada por las nuevas tecnologías. Así surgió Indymedia, un colectivo de organizaciones de medios independientes y de centenares de periodistas que distribuyen información libre respecto de temas políticos y sociales en una red global. Sus ideologías no necesariamente son compatibles con la antiglobalización; se basan en el conocimiento libre y la interacción informativa.

191

Ataque a las Torres Gemelas

Año: *2001.*
Lugar: *Nueva York, Estados Unidos.*
En síntesis: *los atentados del 11 de septiembre desataron la adopción estadounidense de una cruzada contra el terrorismo, y una serie de dudas y polémicas que aún continúa.*

Esta serie de atentados terroristas, cometidos en los Estados Unidos por miembros de la red radical del Islam político llamada Al Qaeda, se basó en el secuestro de aviones de línea, que fueron impactados contra varios objetivos de mucha carga simbólica y que causaron la muerte de cerca de 3.000 personas, e hirieron a otras 6.000. Fue destruido el entorno del World Trade Center, en Nueva York, y se causaron graves daños sobre el Pentágono, en el Estado de Virginia.

Los atentados, al parecer, fueron cometidos por 19 miembros de la red Al Qaeda, que también resultaron muertos en su totalidad. Divididos en cuatro grupos de secuestradores, cada uno de ellos con un piloto que se encargaría de conducir el avión una vez reducida la tripulación de la cabina, los hechos se dieron en poco espacio de tiempo.

Primeramente fueron secuestrados los aviones de los vuelos 11 de American Airlines y 175 de United Airlines. Ambos fueron estrellados contra las dos torres gemelas del World Trade Center; el primero contra la torre Norte, y, poco después, el segundo impactó contra la torre Sur. Ambos rascacielos se derrumbaron completamente en las dos horas siguientes.

El tercer avión secuestrado pertenecía al vuelo 77 de American Airlines y se usó para impactar en el Pentágono. El cuarto avión, perteneciente al vuelo 93 de United Airlines, no alcanzó ningún objetivo: fue estrellado en campo abierto, cerca de Shanksville, en Pensilvania, tras la pérdida de control por parte de los terroristas como consecuencia del enfrentamiento con pasajeros y tripulantes.

Ninguno de los pasajeros de los vuelos pudo sobrevivir.

Los edificios en el complejo del World Trade Center se derrumbaron debido a fallas estructurales en el día de los ataques. La Torre Sur cayó a las 9:59 (hora local de Nueva York), tras incendiarse durante prácticamente una hora debido al fuego causado por el impacto del avión, que se había producido a las 9:03. La Torre Norte, impactada a las 8:46, cayó a las 10:28, luego de haber estado en llamas durante 102 minutos. Un tercer edificio, el World Trade Center 7, fue también derrumbado, presuntamente por causa del daño que le habían causado los escombros de las Torres Norte y Sur al caer. Otros 23 edificios cercanos también sufrieron daños sustanciales: muchos se incendiaron y terminaron por ser demolidos. Actualmente, al área ocupada por los restos materiales de las Torres Gemelas se la conoce como Zona Cero.

Sólo cinco días después de los atentados, Osama Bin Laden negó haber participado de ellos, con la lectura de un comunicado que fue emitido en muchas cadenas norteamericanas. Sin embargo, pocos meses más tarde,

Mitómana
Los atentados produjeron toda suerte de efectos. La española Alicia Esteve, bajo la falsa identidad de Tania Head, se hizo pasar por superviviente del atentado. Sus supuestas dramáticas vivencias y sus intervenciones en los medios masivos de comunicación la convirtieron en presidenta y directora de la Asociación de Supervivientes de los atentados del World Trade Center, hasta la última semana de septiembre de 2007, cuando se destapó el engaño.

las fuerzas de los Estados Unidos encontraron una cinta de video casera en una casa en Afganistán en la que Bin Laden reconoce haber planeado los ataques. Y finalmente, poco antes de las elecciones presidenciales norteamericanas de 2004, en un comunicado por video, Bin Laden reconoció públicamente la responsabilidad de Al Qaeda en los atentados de Estados Unidos, y aceptó haber estado directamente implicado.

Los atentados fueron calificados por parte del Consejo de Seguridad de las Naciones Unidas como «horrendos ataques terroristas», y provocaron una reacción generalizada de temor, especialmente en los países occidentales. Desde entonces, hubo un cambio radical en las políticas internacionales de seguridad aérea.

193

Guerra en Afganistán

Año: inicio en el 2001.
Lugar: Afganistán.
En síntesis: se trata de un conflicto bélico que Estados Unidos emprendió en respuesta a los atentados del 11 de septiembre, y que no ha tenido una resolución definitiva al presente.

Con la ejecución de la «Operación Libertad Duradera», del ejército estadounidense , y de la «Operación Herrick», de las tropas británicas, la guerra de Afganistán ha sido un proceso de invasión y ocupación de este país por parte de los Estados Unidos y sus aliados, con el objetivo declarado de encontrar a Osama Bin Laden y otros cuadros importantes de Al Qaeda para llevarlos a juicio por los atentados del 11 de septiembre de 2001. También se buscaba derrocar al régimen talibán que daba asilo a activistas islámicos.

194

Después de la negativa del régimen talibán a dejar de acoger a Al Qaeda, y amparados en el artículo 51 de la Carta de las Naciones Unidas que invoca el derecho a la legítima defensa, el 7 de octubre de 2001 Estados Unidos invadió Afganistán. Mediante la llamada «Doctrina Bush», también conocida como «Doctrina de Agresión Positiva», Estados Unidos declaró que su política exterior no distinguiría entre las organizaciones terroristas y las naciones o gobiernos que les dieran refugio. De ese modo se intentó justificar la invasión a Afganistán con la búsqueda de Osama Bin Laden, presunto responsable de los ataques del 11 de septiembre de 2001. Equipos de la División de Actividades Especiales de la CIA fueron las primeras fuerzas norteamericanas en entrar en Afganistán para empezar el combate.

En la invasión, Estados Unidos y el Reino Unido llevaron adelante una campaña de bombardeo aéreo sobre la capital, Kabul, con la ayuda de fuerzas terrestres proporcionadas fundamentalmente por el Frente Islámico Unido por la Salvación de Afganistán, más conocido como Alianza del Norte, movimiento que compartía el objetivo de derrocar al régimen talibán. El mismo día de la agresión, Bush declaró que serían atacadas las instalaciones militares de los talibanes y los campos de entrenamiento de terroristas. Además, dijo que se lanzaría comida, medicinas y otros suministros para «los hombres, mujeres y niños hambrientos y enfermos de Afganistán».

En 2002, fueron desplegadas la infantería estadounidense, la británica y la canadiense, con el avance y la ayuda de naciones aliadas como Australia. Luego se sumaron también las tropas de la Organización del Tratado del Atlántico Norte. El ataque inicial logró sacar a los talibanes del poder, aunque desde entonces éstos recobraron fuerza y posiciones.

Desde el año 2006, la estabilidad de Afganistán y del curso hacia la paz se ve en peligro por el crecimiento de la actividad insurgente liderada por los fundamentalistas islámicos. El actual gobierno aparece frágil y con poca influencia fuera la ciudad de Kabul.

Se dieron dos operaciones militares luchando por controlar Afganistán. La «Operación Libertad Duradera», con la participación de 28.300 militares estadounidenses aproximadamente, llevada a cabo principalmente en las regiones del sur y del este del país, a lo largo de la frontera con Pakistán.

La segunda operación es la de la «Fuerza Internacional de Asistencia para la Seguridad», establecida por el Consejo de Seguridad de las Naciones Unidas hacia fines de diciembre de 2001 con el objeto de conservar a salvo la ciudad de Kabul y sus alrededores.

En 2003, la OTAN asumió el control de dicha fuerza. En 2011, año en que se comunicó la muerte de Osama Bin Laden, Barak Obama anunció el retiro de tropas, que finalizaría en 2014. El uso de perros agresivos para lanzar contra los meros sospechosos y las denuncias de violencia injustificada y otros excesos siguen opacando el accionar de las fuerzas occidentales.

Escándalo Wikileaks

El 25 de julio de 2010, la organización internacional Wikileaks, suerte de cadena informativa independiente por Internet, reveló a diferentes medios de prensa una serie de documentos del gobierno de Estados Unidos que demostraba una cara oculta y negra de la guerra. Allí se deja constancia de muertes de civiles y de otras operaciones encubiertas, así como la persistencia de los talibanes en el territorio, contrariamente a lo que se decía en las noticias oficiales.

Euro, la moneda de Europa

Año: *2002.*
Lugar: *Europa.*
En síntesis: *la introducción del euro, la divisa que reemplazó los billetes y monedas de los países comunitarios, supuso un acontecimiento fundamental en la historia de Europa.*

El 1 de enero de 2002, el euro comenzó a circular en doce países comunitarios, que representaban un total de 308 millones de habitantes: Alemania, Austria, Bélgica, España, Finlandia, Francia, Grecia, Irlanda, Italia, Luxemburgo, Países Bajos y Portugal. El hecho, constituyó el cambio de moneda más importante de la historia. En él participaron el sector bancario, las empresas de transporte de fondos, el comercio minorista, la industria de máquinas expendedoras y, por supuesto, los usuarios.

196

Fue todo un trabajo técnico previo, y luego de logística. El efectivo comenzó a distribuirse a las entidades de crédito y comercios a partir de septiembre del 2001, a fin de evitar una escasez de liquidez en la cadena de suministro. Por lo tanto, ya desde los primeros días del 2002 se disponía ampliamente de efectivo en todos los sectores. El 3 de enero, el 96% de los cajeros automáticos de la zona del euro dispensaban billetes en esa moneda, y una semana después de su introducción, más de la mitad de las transacciones en efectivo se realizaba en euros.

Tras un período de doble circulación, que en algunos países se prolongó hasta por dos meses (y en el que los pagos podían realizarse con efectivo tanto en euros como en la moneda nacional), el 1 de marzo de 2002 el euro pasó a ser la única moneda de curso legal en la zona prevista.

La producción de billetes en euros comenzó en julio de 1999 y se llevó a cabo en quince fábricas ubicadas en distintos puntos de la Unión Europea. El 1 de enero de 2002 se había finalizado la fabricación de la remesa inicial, que significó la emisión de 14.890 millones de billetes para los doce países participantes, cifra que incluía a los destinados a las reservas logísticas.

Las ocho denominaciones de monedas son diferentes en tamaño, color y grosor según sus valores, que son 1, 2, 5, 10, 20 y 50 céntimos, y 1 y 2 euros. La cara nacional de cada moneda lleva distintos motivos referentes a los respectivos Estados miembros, que son circundados por doce estrellas. Sin embargo, todas las monedas y billetes pueden utilizarse en cualquier punto de la zona, con independencia de su cara nacional. En cuanto al símbolo del euro, según la propia Comisión Europea está inspirado en la letra griega épsilon (€), haciendo honor a Grecia como cuna de la actual civilización occidental. Las dos barras paralelas, presentes en otros símbolos como el yen japonés o el won coreano, simbolizan la estabilidad de la moneda.

Preparación del público
Teniendo en cuenta la necesidad de que personas con problemas de visión y otros colectivos vulnerables se familiarizaran con la nueva moneda, antes de que ésta se pusiera en circulación y desde marzo de 2001 el programa «*Euro made Easy*» organizó la distribución a diferentes organizaciones de 30.000 billetes de muestra con el mismo diseño táctil que los billetes auténticos, ya que en su impresión se usó el mismo tipo de papel. El reverso fue dejado en blanco para evitar falsificaciones y confusiones.

197

La adopción del euro como moneda única para tal número de países implicó numerosas ventajas para el comercio internacional; la eliminación de los tipos de cambio permitió que las relaciones comerciales entre países se dieran con mayor fluidez y comodidad, tanto para los Estados y las grandes empresas como para la población. La moneda, al ser representativa de varias naciones cobró fortaleza y estabilidad, y ha impulsado considerablemente la unificación económica de Europa. Pasado el tiempo se comenzaron a ver algunos inconvenientes, sobre todo a partir de la gran crisis que tuvo a Grecia y España, como sus más visibles (no los únicos) ejemplos. Entonces se percibió que ante la necesidad de estabilizar las economías nacionales, la carencia de una moneda propia restaba margen de maniobra, y que las estrategias financieras y la relación con la moneda común no eran similares en cada país. No obstante, las crisis suelen superarse y los gobiernos confían en la salud de la moneda común europea.

El 11-M

EL PAIS

Infierno terrorista en Madrid: 192 muertos y 1.400 heridos

Interior investiga la pista de Al Qaeda sin descartar a ETA

11-M

Año: *2004.*
Lugar: *Madrid, España*
Síntesis: *el atentado terrorista llamado 11-M (ocurrido el 11 de marzo de 2002) es el segundo mayor ocurrido en Europa hasta el día de hoy.*

El 11 de marzo de 2004 se produjeron una serie de ataques en cuatro trenes de la red de servicio ferroviario de Madrid, perpetrados por terroristas del ala radical del Islam político. Diez bombas ubicadas en cuatro trenes explotaron, casi simultáneamente, entre las 7:36 y las 7:40. Más tarde la policía detonó en forma controlada dos artefactos que no habían estallado, y desactivó un tercero que permitiría iniciar las pesquisas en pos de la identificación de los autores. Se perdieron 191 vidas, y 1.858 personas resultaron heridas.

La mañana del jueves 11 de marzo de 2004 explotaron en Madrid diez mochilas con contenido explosivo. Análisis científicos posteriores, basados en la bomba que no explotó y en los restos que pudieron encontrarse, revelaron que se trataba de un explosivo del tipo de la dinamita: se trata del Goma-2ECO, utilizado habitualmente en las canteras. Las explosiones tuvieron lugar en las Estaciones Atocha, El pozo del Tío Raimundo, Santa Eugenia, y una junto a la calle de Téllez, en las vías que se encaminan hacia Atocha desde el Sur.

Durante las primeras horas posteriores al ataque, los medios de comunicación y los partidos políticos españoles atribuyeron el atentado a la banda terrorista ETA, puesto que los días anteriores al atentado se esperaba un ataque de esta fuerza, motivado por la proximidad de las elecciones nacionales (esta práctica había sido ya realizada por ETA). Además, en el mes de diciembre de 2003 se había podido detener un intento de ETA de hacer explotar trenes con destino a Madrid. Sin embargo, a las 18:30 del mismo día del atentado, a través de un mensajero anónimo, ETA se comunicó telefónicamente con el diario Gara y con Euskal Telebista, la televisión pública vasca, asegurando que su organización no había tenido responsabilidad alguna en las explosiones.

La mochila encontrada intacta en El pozo del Tío Raimundo contenía 500 gramos de explosivo plástico, una metralla, un detonador y un teléfono móvil que funcionaba como el temporizador que activaría el detonador. Los elementos hallados permitieron formular las primeras hipótesis fundadas ya no en la especulación sino en las pruebas materiales, y desencadenaron la persecución policial sobre los autores.

Tres días después de los atentados del 11-M, se celebraron en toda España las elecciones generales. Desde algunos medios de comunicación masiva se instó a los ciudadanos a sufragar en las urnas para que «los terroristas no coarten la democracia».

El escrutinio reveló la victoria del Partido Socialista Obrero Español, en unas elecciones a las que se presentaron alrededor de 25 millones de personas, la mayor participación en número de votantes en la historia de España. El voto se vio además muy polarizado entre los dos grandes partidos: el mencionado y victorioso Partido Socialista Obrero Español y conservador Partido Popular.

Es probable que los atentados hayan actuado como factor de peso entre muchos de los indecisos y también entre los ciudadanos que hasta entonces se habían abstenido de tomar posiciones.

La alineación ciega a las potencias liberales comenzó a ser cuestionada por gran número de españoles, que veían como una ficción su supuesta integración a un selecto club que no siempre paga como promete. Y la crisis posterior reforzó algunos de esos conceptos, más allá de lo repudiable que para todos es el terrorismo internacional.

Atentado previo

Ya el 12 de abril de 1985 se había producido el atentado al restaurante «El descanso», que causó 18 muertes y cuyos autores nunca fueron determinados. Al igual que con el 11-M, en un primer momento el gobierno adjudicó la autoría a ETA, pero posteriormente se concluyó que era más probable pensar en una obra del grupo chiíta Yihad Islámica (Guerra Santa). La participación de España en las fuerzas de la OTAN habría sido determinante.

199

Rige el Protocolo de Kioto

Año: 2005.
Lugar: Kioto, Japón
En síntesis: aprobado por 180 países, el Protocolo de Kioto fue un acuerdo internacional determinante, creado con el objetivo de detener los daños del cambio climático.

Este acuerdo, asumido en 1997 en el ámbito de la ONU, entró en vigencia el 16 de febrero de 2005. Entre sus principales objetivos se encuentra el de obligar jurídicamente sólo a los países industrializados (39 de los firmantes) a contener las emisiones de los gases que aceleran el calentamiento global y generan el «efecto invernadero». Se excluyeron de esa exigencia a los países «en vías de desarrollo». Además, se establecieron calendarios para que se efectúen los recortes correspondientes.

En un hecho inédito, es como si el Planeta entero se hubiese diagnosticado y puesto en tratamiento. Los países más desarrollados tienen mayor responsabilidad en su accionar. Por eso el acuerdo internacional compromete a las naciones industrializadas a estabilizar las emisiones de gases de efecto invernadero y a reducir las emisiones de los gases que generan, en mayor medida, el calentamiento global: dióxido de carbono, gas metano y óxido nitroso, además de tres gases industriales fluorados como los hidrofluorocarbonos, los perfluorocarbonos y el hexafluoruro de azufre.

El motivo del retraso de años en su puesta en vigencia fue que el acuerdo estableció que el compromiso cobraría obligatoriedad cuando lo ratificasen los países industrializados responsables de al menos un 55% de las emisiones de dióxido de carbono. Así, la adhesión de Rusia (responsable del 17% de las emisiones) en octubre de 2004 fue fundamental para que el acuerdo tuviera el peso necesario. Con la ratificación de Rusia, y tras conseguir que la UE pagara la reconversión industrial y efectuara la modernización de sus instalaciones petroleras, el protocolo finalmente entró en vigor.

Para llevar a cabo la reducción de emisiones tal cual lo establecido, se tomaron como base las emisiones generadas en el año 1990. De ese modo, los países que lo acataran debían reducir sus emisiones en un 8% en relación con el parámetro anterior. Para verificar el cumplimiento se mediría la media de emisiones entre los años 2008 y 2012.

Además del compromiso de estos países en cuanto a la emisión de gases nocivos, se promovió también la generación de un desarrollo sostenible, a fin de que se utilicen energías no convencionales como forma alternativa de disminuir el calentamiento global. Según el acuerdo, los países que lograran la reducción de mayores emisiones que las exigidas podrían «vender» créditos de esas emisiones «excedentes» a los países que tuvieran dificultades a la hora de satisfacer sus propias metas.

Estados Unidos, el país con mayor emisión de gases de invernadero del mundo, ha cobrado triste celebridad al respecto, ya que si bien firmó el acuerdo en 1997, posteriormente lo rechazó, y hasta el momento se niega a ratificarlo. Por este motivo, los miembros del tratado están estudiando nuevas fórmulas para convencer a los estadounidenses y a otros países muy contaminantes (en algunos casos, en vías de desarrollo) de que se incorporen al acuerdo y reduzcan sus emisiones nocivas.

El Protocolo inserta el debate creciente en la comunidad científica, que se divide entre especialistas que aseguran que de la puesta en práctica de ese consenso depende el futuro del mundo y, por otro lado, quienes piensan que el de Kioto es un acuerdo absurdo que perjudica el progreso de la ciencia, la economía y la política mundial, sin detener el calentamiento global.

El cambio del clima

Si bien algunas de las consecuencias climáticas ya son visibles, como el derretimiento de los glaciares, el aumento de la temperatura global y la acentuación de lluvias y sequías, la complejidad del sistema climático hace que las predicciones varíen de modo considerable. Sin embargo, incluso los cambios mínimos previstos podrían evitar: grandes inundaciones de las zonas costeras, perturbaciones en los suministros de alimentos y agua, la extinción de muchas especies; es decir, una parte de la perjudicial alteración en el planeta.

201

Israel invade el Líbano

Año: 2006.
Lugar: El Líbano.
Síntesis: la guerra del Líbano de 2006 fue un conflicto entre Israel y la facción armada de la
organización Hezbollah, y se extendió del 12 de julio
al 4 de agosto de ese año.

El conflicto bélico se originó cuando Israel movilizó a sus tropas dentro del
territorio del Líbano, ingresando por la frontera sur, con el objeto de liberar
a dos soldados que habían sido capturados el día anterior por Hezbollah en
un enfrentamiento en territorio de frontera, en donde habían muerto también ocho soldados. El enfrentamiento tuvo su fin el 14 de agosto, cuando
entró en vigencia la Resolución 1701 del Consejo de Seguridad de las Naciones Unidas, que estableció un cese del fuego a partir de ese mismo día.

El 12 de julio de 2006, el jefe de la organización islamita Hezbollah,
Hazan Nassrallah, comunicó a través de un canal de televisión, en una
conferencia de prensa realizada en Beirut, que había capturado a dos
soldados israelíes y dijo que éstos serían liberados solamente con la
condición de realizar un intercambio; Israel debería liberar a prisioneros
árabes.

Las versiones acerca del contexto de la captura de los soldados israelíes son contrapuestas: Hezbollah sostuvo que había tenido lugar en el
sur del Líbano, en un enfrentamiento contra fuerzas israelíes que habrían penetrado en una ciudad fronteriza del lado libanés. En este mismo
enfrentamiento, varios poblados y asentamientos agrícolas fueron bom-
bardeados, fue atacada una patrulla israelí; el resultado fue de cinco
civiles heridos, ocho soldados muertos y dos capturados. Israel, por su
parte, aseveró que el ataque se había producido en su territorio luego de
una invasión por parte de Hezbollah. Ehud Ólmert, el Primer Ministro del
Estado de Israel, expresó que «los sucesos de esta mañana no se definen

como un ataque terrorista, sino como el acto de un Estado soberano que atacó a Israel sin razón y sin provocación».

En respuesta a las acciones y declaraciones de Hezbollah, el ejército de Israel inició la que se dio en llamar la «Operación Recompensa Justa», que constituyó el primer ataque militar de este país hacia el Líbano luego del cese del fuego del año 2000, y que consistió en el bombardeo de instalaciones energéticas y militares y de cuarteles del movimiento Hezbollah.

En las 24 horas siguientes se contaron decenas de víctimas civiles, y el Líbano se vio completamente bloqueado por el Estado de Israel. Ante el despliegue militar israelí, Hezbollah declaró la guerra en forma abierta.

Acaecido ya un hecho de características similares en octubre del año 2000, Ólmert defendió la respuesta bélica israelí y explicó que la decisión de realizar semejantes ataques había estado basada en las valoraciones de Dan Halutz, el Teniente General de la Fuerza Aérea de Israel, respecto del ejército de su país. Él señaló que el Estado perdería capacidad de disuasión si no era capaz de responder a una captura de soldados, a la vez que le aseguró al Primer Ministro disponer de un ejército fuerte y bien preparado.

La violencia de la reacción por parte del Estado de Israel produjo opiniones opuestas en la comunidad internacional. Algunos estados evaluaron la respuesta israelí como una reacción esperable, en un contexto bélico, como medidas de legítima defensa, figura existente y más que aceptada por el derecho internacional; la Organización de las Naciones Unidas, por su parte, manifestó repudio a aquello que consideró un excesivo uso de la fuerza por parte de Israel. Lo cierto es que desde hace años, esa porción del mundo parece no divisar la paz ni como un objeto lejano en su atribulado horizonte.

Acatamiento
Luego de haber sido ratificada la resolución 1701 del Consejo de Seguridad de la ONU por el gabinete libanés, los líderes de Hezbollah aceptaron cumplir con el cese del fuego, a condición de que cesaran también los ataques israelíes. Al día siguiente, la resolución fue también sancionada por el parlamento israelí. Luego de un recrudecimiento de los ataques de ambos lados en las horas siguientes, el 14 de agosto se puso fin a la guerra.

Nace la UNASUR

Año: 2008.
Lugar: Brasilia, Brasil.
En síntesis: en una nueva e inédita etapa de las relaciones regionales, 12 estados del subcontinente, con gobiernos democráticos, se asociaron para unificar políticas y objetivos.

La firma del Tratado Constitutivo selló, en Brasilia, una unión intergubernamental deseosa de integración en paz y de labor conjunta, tras años de desencuentros reales o estimulados por las grandes potencias. Sudamérica es una región con enormes riquezas naturales y en los últimos años, con una pujanza económica y un progreso social que asombran al mundo. Gobiernos y pueblos tienen hoy objetivos claros respecto de su soberanía y su destino democrático. La lección de Malvinas, entre otras, daba sus frutos.

Conformada por la República Argentina, la República de Bolivia, la República Federativa del Brasil, la República de Colombia, la República de Chile, la República del Ecuador, la República Cooperativa de Guyana, la República del Paraguay, la República del Perú, la República de Suriname, la República Oriental del Uruguay y la República Bolivariana de Venezuela, UNASUR representa a 400 millones de habitantes, el 68 % de la población de América Latina, y a la gran mayoría de sus superficie territorial.

El 18 de diciembre de 2004 ya se había celebrado la Tercera Cumbre Suramericana, que tuvo lugar en Perú. Los presidentes de los mismos países firmaron entonces una declaración en la que se dictaminaba la creación de la Comunidad de Naciones Suramericanas. En posteriores encuentros realizados en años subsiguientes, las diferentes cumbres celebradas fortalecieron la evolución de la Comunidad, que buscaba establecer una integración siguiendo el modelo de la Unión Europea. La región presentaba y presenta una situación poco habitual hasta unas décadas atrás. Luego de una etapa de golpes militares sangrientos y de crisis que hicieron tambalear la existencia misma de las naciones, gobiernos de distinto corte ideológico, pero surgidos del voto popular, expresaban su voluntad de colaboración. La buena vecindad suplantaría a la estéril competencia y a los litigios por cuestiones menores; la negociación conjunta frente a otros bloques o potencias coadyuvaría a la protección de los recursos naturales y a una mejor relación en los términos de intercambio.

En abril de 2007, los 12 presidentes se reunieron y decidieron renombrar a la comunidad, dándole el nombre de Unión de Naciones Suramericanas (UNASUR).

Así, el 23 de mayo de 2008 se suscribió en Brasilia el Tratado que completaba el proyecto regional y su proceso de formación. Se fundaba la Unión de Naciones Suramericanas con la elección de su primera dirigente, la entonces presidente de Chile, Michelle Bachelet. En la reunión se estableció que la Secretaría General del organismo tendría sede permanente en la ciudad de Quito, Ecuador, mientras que el Parlamento Suramericano se localizaría en Cochabamba, Bolivia y el Cuartel General de operaciones en la ciudad de Buenos Aires, Argentina. El clima de fraternidad reflejaba el espíritu de los pueblos representados.

Por la democracia
En 2010 se intentó un golpe de Estado y el secuestro del presidente de Ecuador, Rafael Correa. En la madrugada posterior al hecho, los miembros de UNASUR se abocaron a una reunión extraordinaria en la que manifestaron que no se toleraría ningún desafío a la autoridad constitucional y legítima. Una situación similar se dio en 2008 en Bolivia, cuando un intento de derrocar al presidente Morales desembocó en la muerte de manifestantes en su apoyo, y la UNASUR expresó su respaldo y colaboración en las investigaciones.

UNASUR se desarrolló en el marco de dos procesos de integración: la Comunidad Andina (CAN, organismo de desarrollo integral constituid por Bolivia, Colombia, Ecuador y Perú) y el Mercado Común del Sur (MERCOSUR, un bloque subregional integrado por Argentina, Brasil, Paraguay, y Uruguay). Si bien históricamente los países latinoamericanos han tenido conflictos internos que llevaron a su disgregación y en muchos casos a la enemistad con otros, el proyecto UNASUR se propone conciliar las diferencias en una unidad que proporcione un nuevo posicionamiento mundial sudamericano.

La crisis de 2008

Año: *2008.*
Lugar: *Estados Unidos.*
En síntesis: *la crisis por las hipotecas* subprime *fue el detonante de un gran temblor económico y financiero, algunas de cuyas consecuencias siguieron vigentes por años.*

La desconfianza crediticia que se expandió como un rumor entre los mercados financieros norteamericanos, fue la alarma que puso en la mira a las «hipotecas basura» europeas. Esta crisis financiera se evidenció con una caída generalizada de los valores bursátiles, saldada con numerosas quiebras financieras, nacionalizaciones bancarias, intervenciones de los bancos centrales de los países de las economías desarrolladas, profundos descensos en las cotizaciones bursátiles, caída de la economía global y recesión.

La crisis financiera de 2008 tuvo su origen en la falta de pagos de hipotecas de alto riesgo, llamadas comúnmente *subprime*, producto de un proceso de aumento de las tasas de interés y de una gran proliferación de inversiones inmobiliarias especulativas. Los créditos *subprime*, son un tipo especial de hipoteca especialmente utilizada para la compra de vivienda y orientada a clientes con escasa solvencia, y por tanto con un nivel de riesgo superior a la media del resto de créditos. Su tasa de interés era más alta que en los préstamos personales (si bien para los primeros años se ofrecía un tipo de interés promocional). Los bancos norteamericanos tenían un límite a la concesión de este tipo de préstamos, impuesto por la Reserva Federal.

Tras los atentados del 11 de septiembre de 2001, en Estados Unidos las tasas de interés habían sido reducidas gradualmente hasta el 1% para estimular la economía. Durante este lapso tuvo lugar en ese país lo que se conoce como una «doble burbuja», hipotecaria e inmobiliaria. La crisis de 2008 se desató en el momento en que los inversores comenzaron a percibir señales de alarma. La elevación progresiva de las tasas de interés por parte de la Reserva Federal, así como el incremento natural de las cuotas de esta clase de créditos, hicieron aumentar el número de morosos y, en consecuencia, el nivel de ejecuciones (embargos). Esto no ocurrió solamente con las hipotecas de alto riesgo. A su vez, resultó un factor agravante la caída del valor de las propiedades, de modo que la deuda contraída superaba muchas veces el valor de la vivienda adquirida.

La revelación de que grandes entidades bancarias e importantes fondos de inversión tenían comprometidos sus activos en hipotecas de alto riesgo provocó una contracción repentina del crédito, y una enorme volatilidad de los valores bursátiles. De esta forma, se generó una crecida exponencial de desconfianza y pánico entre inversores, que devino en una inmediata caída de las bolsas de valores de todo el mundo, debida, especialmente, a la falta de liquidez. Muchos bancos e inversionistas afectados por las turbulencias en el mercado de créditos generadas por esta crisis de las *subprime*, habían aparentemente tomado riesgos que excedían su tamaño y capacidad de respuesta.

Una sonora quiebra
La crisis de las *subprime* afectó enormemente a grandes empresas financieras, como la Lehman Brothers. En 2008, Lehman había perdido el 73% de su valor en bolsa, e informó que tenía la intención de despedir al 6% de sus trabajadores, 1.500 personas. Luego de una reunión con el presidente de la Reserva Federal norteamericana, Lehman informó que estaba en tratativas para vender la empresa. Por fin quebró, al haber renunciado los potenciales compradores. Fue la mayor quiebra de la historia hasta el momento.

207

Las entidades prestamistas hipotecarias, financiadas con papeles comerciales a corto plazo, como letras y pagarés, emitieron créditos de largo plazo a clientes de constructoras y urbanistas. Los bancos recibían las hipotecas en garantía otorgándoles nuevos préstamos. Los créditos hipotecarios en manos de la banca eran vendidos a los *hedge funds*, como instrumentos de alto riesgo. Las múltiples quiebras han puesto de manifiesto que el sistema bancario requiere una reforma, más cuando estas empresas no disponen de la financiación tradicional de la banca para conceder los préstamos.

Los indignados

Año: *2011.*
Lugar: *Madrid, España; Nueva York.*
En síntesis: *tanto en España como en Estados Unidos, durante 2011 se iniciaron movimientos de protesta en las calles contra los manejos políticos y financieros oficiales.*

El movimiento 15-M o «Los indignados» es un movimiento civil que inició protestas pacíficas en la ciudad de Madrid, para promover una democracia real, con participación, alejada del bipartidismo y del dominio de las entidades financieras. Este movimiento generó también la movilización mundial de protesta del 15 de octubre del mismo año, cuyas repercusiones se sintieron especialmente en el Ocupa Wall Street, que desde el 17 de septiembre de 2011 ha mantenido ocupado el Zucotti Park, en la ciudad de Nueva York.

El 30 de marzo de 2011 se había producido en Madrid una primera protesta de estudiantes, a la que asistieron miles de jóvenes de todo el país para manifestarse en contra de la situación de desocupación y precariedad laboral y los recortes al presupuesto de la educación. Poco después, otra marcha juvenil se manifestó contra la crisis económica.

Al día siguiente de la manifestación general del 15 de mayo, en la que los ciudadanos aglutinaron sus voces al grito de «¡Democracia real YA!», los indignados acamparon en la famosa Puerta del Sol madrileña, dando una de las imágenes más fuertes y conocidas del movimiento.

Más de un centenar de concentraciones y acampadas se sucedieron en los días posteriores en distintas ciudades españolas. A pesar de la oposición manifestada por la Junta Electoral de Madrid, que consideró que no existían causas que justificaran tal convocatoria, los «indignados» (tomaron su nombre del libro *¡Indignáos!*, de Stéphane Hessel, publicado en 2010) siguieron concentrándose en la plaza el día 18 de mayo. El movimiento entonces comenzó a organizarse a partir de estas acampadas y de otras realizadas por expatriados españoles en distintos lugares del mundo. El 15-M se proclama un movimiento sin filiación política ni sindical, pacífico, horizontal y transparente.

En pocos meses, las concentraciones de protesta se extendieron a 1051 ciudades en 90 países, dando nacimiento a la movilización mundial del 15 de octubre de 2011. Dentro de estas acciones generalizadas de protesta, una de las más conocidas ha sido la llamada «Ocupa Wall Street», movimiento que mantiene ocupado el Zucotti Park en Manhattan. El objeto de estas manifestaciones es mantener ocupado el distrito financiero más importante del mundo para protestar abiertamente por la desigualdad social. Los organizadores pretenden que la ocupación dure «el tiempo que sea necesario para satisfacer nuestras demandas».

El movimiento se centra en la afirmación de que «la única cosa que todos tenemos en común es que somos el 99% de los que no tolerarán más la codicia y la corrupción del 1%». Es evidente entonces por qué estas protestas han hecho confluir a personas de diversas ideologías políticas, desde demócratas, hasta socialistas y anarquistas.

Si bien antes de iniciadas las protestas el Alcalde de Nueva York ratificó en una conferencia de prensa el derecho a manifestar de las personas, asegurándoles verbalmente lugares para hacerlo, al menos 80 arrestos a manifestantes se efectuaron el 24 de septiembre. La mayoría de ellos fueron por bloquear el tránsito, aunque algunos también en virtud de «alterar el orden público». Se sabe, asimismo, que la policía ha utilizado gas pimienta con los activistas.

Las formas de participación y protesta de la juventud han variado desde los días de Mayo del 68, por ejemplo. Pero su revulsiva actitud sigue siendo una garantía contra la injusticia y la arbitrariedad.

Algunas reacciones
El 17 de mayo la página de ¡Democracia real YA! contaba con el apoyo de 500 asociaciones muy diversas, pero seguía rechazando la colaboración de partidos políticos y sindicatos. Algunos intelectuales, además, consideran al 15-M como el fin de la época de la cultura de la Transición y de su pensamiento único y el inicio real de un Estado social y democrático de derecho.

209

Ataque a Libia

Año: *2011.*
Lugar: *Libia.*
Síntesis: *el ataque a Libia, donde había surgido una insurrección, fue una operación multinacional tendiente a proteger a los civiles de las fuerzas leales al gobierno.*

La sublevación y el control de algunas ciudades por parte de manifestantes derivaron en un enfrentamiento armado entre las fuerzas de Khadaffi y sus opositores. Las medidas tomadas por el gobierno libio para recuperar el control sobre su país violaban derechos y seguridades civiles. Una alianza de países, amparados en una resolución de las Naciones Unidas, comenzaron una intervención en territorio libio, que terminó el 31 de octubre de 2011, cuando la ONU anuló la resolución que la permitía.

210

El conflicto que enfrentó a Muhammar el Khadaffi con sus opositores políticos, en el contexto de la llamada «Primavera árabe», tuvo por consecuencia la represión de manifestaciones en reclamo de reformas democráticas. Las fuerzas de Khadaffi llegaron a hacer uso de la aviación para castigar a los manifestantes. A partir del enfrentamiento armado que comenzó luego, el gobierno libio puso en marcha más medidas que atentaban contra la seguridad de la población civil.

Según la resolución 1973 de las Naciones Unidas, se autoriza a llevar adelante toda medida necesaria para proteger a civiles que estén amenazados. Amparada en dicha resolución, una coalición inicial formada por Bélgica, Canadá, Catar, Dinamarca, España, Italia, Francia, Estados Unidos, el Reino Unido y Noruega, coalición que luego se amplió hasta incluir a dieciséis países, emprendieron una intervención en Libia. Khadaffi emitió entonces una serie de comunicados que amenazaban a los países que intentaran intervenir en el conflicto, y defendía su postura basándose en que los rebeldes libios eran respaldados por la red islámica Al Qaeda.

El día 19 de marzo, mientras las fuerzas de Khadaffi ignoraban el ultimátum de la ONU y continuaban atacando a la población por tierra y por aire, la fuerza aérea francesa dio comienzo a las operaciones militares con un ataque a tanques de los leales a Khadaffi. Esa misma noche, las fuerzas navales norteamericanas e inglesas lanzaron 110 misiles, y el Ejército del Aire Francés y la Fuerza Aérea Real Británica incursionaron también en el territorio. Se llevó a cabo, además, un bloqueo naval por parte de la fuerza de la marina inglesa. Los ataques por parte de la OTAN se intensificaron luego de que el G8, grupo que nuclea a los países más industrialmente desarrollados, afirmó que el gobierno de Khadaffi había perdido su legitimidad y debía dejar Libia.

El 27 de junio, la Corte Penal Internacional emitió una orden de arresto contra Khadaffi, uno de sus hijos y su hermano. Sin embargo, poco tiempo después, en un discurso transmitido por la televisión estatal, el líder libio llamaba a su país a luchar contra las fuerzas de oposición y a «limpiar esta tierra dulce y honorable». Luego de varias luchas en diversos lugares del país, el 21 de agosto los rebeldes irrumpieron en Trípoli, la capital del país, y combatieron contra las tropas del régimen por el control de la ciudad. La OTAN bombardeó el cuartel general de Khadaffi y un aeropuerto en Trípoli. Un día después, los rebeldes llegaron al corazón de la ciudad y la controlaron. Miles de personas celebraron su llegada. Khadaffi fue detenido y ejecutado.

Una ola de indignación internacional se produjo al ver en las pantallas de los televisores y en Internet al ex líder ensangrentado, sufriendo golpes, en un espectáculo que las autoridades occidentales "no pudieron" evitar.

La ejecución
El 20 de octubre fue tomada la ciudad de Sirte, el único reducto de Khadaffi aún en pie. El dictador fue capturado y falleció, según el Consejo Nacional de Transición, por las heridas que se le habían infligido en el enfrentamiento. Luego de la aparición de videos de Khadaffi momentos antes de su muerte y de su cadáver, la ONU ha demandado una investigación puesto que hay indicios que sugieren que fue asesinado por los soldados que lo custodiaban.

211

La muerte de Bin Laden

Año: *2011.*
Lugar: *Abbottabad, Pakistán.*
En síntesis: *aunque sujeto a dudas y escepticismo, el asesinato del líder y fundador de la red terrorista Al Qaeda constituye un punto clave en la llamada guerra contra el terrorismo.*

Osama Bin Laden, terrorista islámico, fundador y líder de la red terrorista Al Qaeda, responsable de los ataques a las embajadas de Estados Unidos en Kenia y Tanzania en 1998 y presunto implicado en los atentados del 11 de septiembre de 2001, fue muerto, según se dijo, en una ciudad pakistaní, en un operativo militar realizado por comandos estadounidenses. La identidad del cuerpo habría sido confirmada mediante la comparación con muestras de ADN de su hermana muerta.

212

Durante mucho tiempo, algunos sectores de la opinión pública internacional sugirieron la posibilidad de que Osama Bin Laden pudiese llevar varios años fallecido; a través de su segundo jefe al mando, Aymán al-Zawahirí, en una entrevista televisada, la red terrorista Al Qaeda desmintió estos rumores. También la CIA se encargó de negar esa posibilidad; su director, Michael Vincent, afirmó que Bin Laden seguía vivo, aunque aislado. También señaló que su figura fue mitificada en Europa y Estados Unidos como cabeza absoluta de Al Qaeda, lectura que no hace más que simplificar la descentralización que caracteriza a la estructura de la organización.

Durante mucho tiempo, se ofreció por Osama Bin Laden una recompensa de 50 millones de dólares. Se entregarían, además, otros 2 millones de dólares adicionales a través de un programa establecido por la Asociación de Pilotos de Aerolíneas y la Asociación del Transporte Aéreo. Desde diciembre de 2001, siempre se habían lanzado declaraciones sobre el paradero de Osama Bin Laden, aunque ninguna pudo ser probada en forma certera, y algunas lo habían situado en varios lugares al mismo tiempo.

Luego de que la ofensiva militar estadounidense en Afganistán fracasara en dar con el líder de Al Qaeda, Pakistán comenzó a ser el país sospechado de funcionar como su escondite.

La localización de Bin Laden se habría logrado luego de seguir los pasos de uno de los miembros de su círculo íntimo, que servía de mensajero: los servicios de inteligencia de los Estados Unidos habrían localizado la región donde éste operaba, a partir de lo cual se habrían elaborado teorías sobre la zona en que Bin Laden podría vivir. Se dice que comenzaron entonces a investigar una mansión fortificada a unos 50 kilómetros de la ciudad de Islamabad, capital de Pakistán, y que en febrero de 2011 los servicios de inteligencia tenían ya certeza de que en esa residencia vivía la familia Bin Laden. En marzo, el presidente de los Estados Unidos, Barack Obama, habría tomado conocimiento

Sin pruebas
La CIA mantiene como secreto de Estado los documentos gráficos del cadáver de Osama Bin Laden, que habría sido lanzado al mar, según el gobierno estadounidense, para resolver el problema de dónde darle sepultura, para respetar la costumbre islámica de un entierro en las siguientes 24 horas del fallecimiento y para evitar que la tumba del terrorista se convirtiera en lugar de culto de extremistas. Todo esto dio pie a dudas y sospechas.

213

de los datos recabados por los servicios de inteligencia y el 29 de abril habría aprobado la operación para capturarlo, no advertida a ningún país, ni siquiera a Pakistán, y desarrollada en 40 minutos por un reducido grupo de élite del ejército estadounidense. En la operación, además de Bin Laden, abatido con dos tiros (en el pecho y en la cabeza), habrían fallecido un hijo de él, una mujer no identificada, el mensajero que habría servido para localizarlo y un hermano del mismo. Según información difundida posteriormente, Bin Laden no estaba armado, pero sí lo estaba la mujer que intentó protegerlo, quien disparó a los comandos estadounidenses y fue por eso herida en una pierna, aunque no habría resultado muerta como se informó al principio. El 1 de mayo de 2011 a las 22:40, el presidente Obama se dirigió a la nación estadounidense afirmando que Osama Bin Laden había muerto.

Bibliografía

AA. VV.: *Transformaciones en el Tercer Mundo. Enciclopedia de los grandes fenómenos de nuestro tiempo.* Buenos Aires, Centro Editor de América Latina. 1973.

Anderson, Jon Lee: *Che Guevara: Una Vida Revolucionaria.* Madrid, Anagrama, 2006.

Aróstegui, J., Buchrucker, C. y Saborido, J. (directores): *El mundo contemporáneo: historia y problemas.* Barcelona, Biblos- Crítica, 2001.

Beevor, Anthony: *Berlín, la caída, 1945.* Madrid, Crítica, 2012.

Beevor, Anthony: *Stalingrado.* Madrid, Crítica, 2005.

Canales, Esteban: *La Europa Napoleónica. 1792-1815.* Madrid, Editorial Cátedra, 2008.

Cornwell, John: *Como un ladrón en la noche— La muerte del Papa Juan Pablo I.* Madrid, Aguilar, 1989.

Gilbert, Martin: *La Primera Guerra Mundial.* Buenos aires, La Esfera De Los Libros, 2011.

Hobsbawm, Eric: *Historia del siglo XX.* Buenos Aires, Planeta, 2007.

Hobsbawn, Eric y Hobsbawn, E. J.: *La Era de la Revolución, 1789-1848.* Madrid, Editorial Crítica, 2001.

Hobsbawn, Eric: *La era del capitalismo.* Madrid, Guadarrama, 1977.

Hughes, Philips: *Síntesis de la historia de la Iglesia.* Barcelona, Herder, 1984.

Murray, Willamson y Millett, Allan: *La guerra que había que ganar: historia de la Segunda Guerra Mundial.* Madrid, Crítica, 2005.

Parker, R. A. C.: *El Siglo XX: Europa (1918-1945).* México, Editorial Siglo XXI, 1997.

Thomas, Hugh: *La Guerra Civil Española.* Buenos Aires, Debolsillo, 2011.

215

Wilkinson, Philip e Inppen, Robert: *Enciclopedia de grandes acontecimientos de la historia.* Madrid, Editorial Anaya. 1993.

Zolo, Danilo: *Terrorismo humanitario: de la Guerra del Golfo a la carnicería de Gaza.* Barcelona, Bellaterra, 2011.

En la web:
www.elhistoriador.com.ar
www.elmundo.es
www.gloobal.net
www.imdb.com
www.portalplanetasedna.com.ar

Otros títulos publicados